哲學怪傑

當你凝視深淵的時
與愚昧戰鬥

尼采

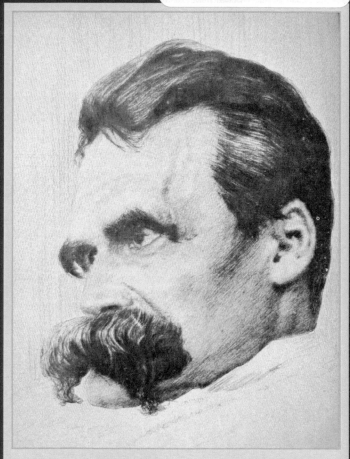

Friedrich Nietzsche

蔣耀江，邊豔豔 編著

超人 × 權力意志 × 永恆回歸，
道德相對主義的絕對擁護者與他酒神悲劇式的人生

他不擅交際，投身真理的追求
他以沉思整理並寫就著作，卻在當時乏人問津，深自緘默
他輾轉各地，遊歷以找尋靈感，搬遷以祈求健康，如雲漂泊
他是現代哲學開創者——尼采

崧燁文化

目錄

目錄

序

　　弗里德里希·威廉·尼采（Friedrich Wilhelm Nietzsche，1844～1900），德國著名哲學家、西方現代哲學的開創者，同時也是卓越的詩人和散文家。他最早開始批判西方現代社會，然而他的學說在他的時代卻沒有引起人們的重視，直至20世紀，才激起深遠的調門各異的回聲。後來的生命哲學，存在主義，佛洛伊德主義，後現代主義，都以各自的形式回應尼采的哲學思想。

　　尼采1844年出生於普魯士薩克森州洛肯村的一個鄉村牧師家庭。在尼采4歲那年，他的父親和弟弟接連離世，這令年幼的尼采深切地感受到了生命的無常，於是他開始變得孤僻而又敏感。

　　少年求學時期，尼采的思維便得到了相當的發展，並且有著驚人的進步。在大學時期，他開始不再滿足於科學世界的清晰與冷靜，而是對精通和弘揚本國、本民族文化的重要性有了深刻的體會，並且開始進行哲學沉思。

　　24歲時，在導師里奇爾的推薦下，尼采出任了瑞士巴塞爾大學古典語言學教授。後來由於健康問題辭職，之後他一直都飽受著精神疾病的煎熬。

　　1900年8月25日，這位生不逢時的思想大師在威瑪與世長辭。

　　尼采一生中的主要作品有《悲劇的誕生》、《人性的，太人性的》和《查拉圖斯特拉如是說》等。在這些哲學著作中，尼采對自己哲學的主題——生命的意義問題的解答都被全面地展現了出來，他那「靠藝術來拯救人生，賦予生命一種審美的意義」的哲學思想，也在這些作品中有著很好的展現。

序

　　尼采思想是現代思想的一座巍然聳立的里程碑。在尼采去世後的一個世紀中，他的思想深深地影響了如雅斯佩斯、海德格、里爾克、赫塞、湯瑪斯·曼、蕭伯納和沙特這些著名的作家、思想家；他的著作不僅在德、法語區域聞名遐邇，而且還流傳到遙遠的北美洲、南美洲、亞洲、大洋洲和非洲。

　　在西方哲學發展史上，尼采是最不能被忽略的人物，也是最富有爭議的人物之一。由於觀點和立場不同，人們對他毀譽不一。除此之外，由於尼采的思想採取了獨特、強勁、充滿隱喻和矛盾，甚至是「瘋癲」的獨白形式，還常常會遭到人們的誤解。

　　有人說過：「尼采的生平和著作是近代文學史和思想史上受到最嚴重曲解的。」

　　尼采的著作對後世的影響無疑是巨大的。他的思想具有一種無比強大的衝擊力，它顛覆了西方的基督教道德思想和傳統的價值，揭示了在上帝死後人類所必須面臨的精神危機。

　　雅斯佩斯說尼采和齊克果給西方哲學帶來顫慄，而此顫慄的最後意義難以估量。20 世紀初的整整一代思想家和藝術家都在尼采的著作中找到了那些激發了他們富於創造性的作品的觀念和意象。

　　雅斯佩斯、沙特、海德格和傅柯等，都是深受尼采思想影響的哲學家，而直接受他影響的文學家同樣數不勝數：傑克·倫敦、茨威格、湯瑪斯·曼、蕭伯納、赫塞、里爾克、紀德、還有我們熟悉的魯迅。

幼年失去慈父之愛

1844 年 10 月 15 日，德國普魯士薩克森州洛肯村的街頭，牧師卡爾‧路德維希‧尼采正走在回家的路上。

卡爾出身於一個牧師世家，這個宗教世家的家庭成員都是虔誠的路德教派成員。和他的父親、祖父以及他妻子的父親、祖父一樣，卡爾也義無反顧地走上了牧師這一職業道路。他相信：「在這條道路上，上帝能夠給予其信徒啟示，君主會為其臣民指引。」

上司們對卡爾讚許有加，普魯士國王弗里德里希‧威廉四世給予他王權上的庇護。如果不是因為頭痛症和神經質，卡爾應該會有一個錦繡的前程，但是由於病痛的折磨，他不得不長時間地休息，從而耽誤了自己的晉升。

卡爾申請去負責一個鄉村教區，因此他被任命去了洛肯。洛肯是一個位於普魯士薩克森州遼闊平原上的貧窮鄉村，這裡荒涼而貧瘠，村裡都是些低矮的小房子，但是卡爾對這種孤獨幽暗還算滿意，因為這很適合休養。

這一年是卡爾婚後的第四年，卡爾年輕的妻子生下了他們的第一個孩子，初為人父的卡爾十分愉悅，更由於孩子出生的日子 10 月 15 日恰巧與國王生日是同一天。

這種巧合令卡爾更加高興，他在教區的登記簿上記錄下了自己初為人父的喜悅：「哦，10 月，受到祝福的 10 月，在過去的

幼年失去慈父之愛

日子裡，我沉浸在你帶給我的無盡歡樂當中，但是在你帶來的所有歡樂中，最深沉最重要的莫過於我為我的長子洗禮……我的兒子，我給予你弗里德里希·威廉的名字，並以此來紀念和你同日誕生的我們高貴的恩主。」

在小威廉之後，卡爾的妻子還生了第二個兒子約瑟夫，再幾年之後，小威廉又有了一個妹妹伊麗莎白。

此時，小威廉過著幸福快樂的日子。但是，小威廉學說話很慢，直至兩歲半的時候才說出了第一句話。他是個沉默的孩子，總是用嚴肅的目光安靜地注視著周圍的一切。

小威廉的這些特點並沒有影響到父親對他的疼愛，卡爾深愛著這個沉默安靜的兒子，每當出去散步時，他總要把小威廉帶在身邊。

雖然那時的威廉年紀還很小，但在他的記憶中，父親牽著他的手散步的情景總是清晰而又深刻，他和父親走在村外廣闊的平原上。平原上有很多的小池塘，鐘聲從遠處飄來，在平原上迴盪，此時，小威廉總是緊緊地握著父親那雙強而有力的大手，這讓他感覺到了溫暖。

1848 年 8 月，卡爾從自家門口的石階頂上重重地摔了下去，他的頭部猛烈地撞到了其中一級石階的邊緣上。頭部嚴重的撞擊加劇了他的頭痛症和神經質的毛病，卡爾完全失去了理智，而神志不清和體力衰竭的併發症終於在一年之後奪去了他的生命。

父親去世時，威廉只有 4 歲，在這段時間中，他經歷了父親的生病和去世，而這其中發生的各種事件：不管是深夜中突然響

起的報警聲、房子裡傳來的哭泣聲，還是密室裡的恐怖、死樣的寂靜、盡情宣洩的悲傷，甚至是教堂的喪鐘聲、讚美詩以及葬禮上的布道、深深埋在教堂石板底下的靈柩，都在他心靈深處留下了難以磨滅的印象。

在這年春天，母親帶著全家人離開了洛肯，移居到薩勒河畔瑙姆堡附近的小鎮上，因為親戚們就住在相鄰的鄉間，在這裡可以和他們離得近一些，互相有個照應。

沒過多久，威廉的奶奶和姑姑也搬過來跟他們一起住在一幢小房子裡，親戚們的到來使還處在悲痛當中的孩子們漸漸從悲傷中走了出來，並且習慣了一大家人的生活。

瑙姆堡的統治階級由官僚和牧師組成，他們受到王室的眷顧，因此虔誠地效忠於他們的王朝。這些資產階級上流社會的成員都住在高大的城牆內，一到夜晚城門就緊緊關閉。統治階級和整個瑙姆堡居民的生活都是刻板嚴謹、井井有條的。

都市教堂裡的鐘聲洪亮悠遠，響徹整個小鎮，控制著居民的生活作息，它或將人們從睡夢中叫醒或者催促人們入眠，甚至還可以召集人們去參加國家和宗教的節日典禮。

威廉作為居民中的一員，他的生活與所有人一樣，雖然他還只是一個孩子，但他的生活也是刻板嚴謹、井井有條的，他生命中的特質與瑙姆堡十分契合，這讓他很快便適應了這裡的生活節奏，同時孩子天性中的好奇也讓威廉不斷發現新生活的美好。

這裡有雄壯的閱兵儀式，還有風琴伴奏和合唱的宗教典禮，盛大的週年慶典，這讓從小村莊來的威廉讚嘆不已。

幼年失去慈父之愛

最打動威廉的便是每年一度的聖誕節的來臨。相較之下，他自己的生日雖然不能像聖誕節那樣深深地打動他，但仍然能給他帶來巨大的快樂，因為他和國王同一天生日，每到那一天的早上，軍樂聲總是能將他從睡夢中喚醒。

威廉也把這個儀式看作是慶祝自己生日的集會，因此整個儀式中的各個活動也便是他的生日禮物。慶祝儀式很短，一結束，他們一家就會一起去教堂。威廉把牧師獻給國王的布道詞中最好的句子挑出來獻給他自己，作為給自己的生日禮物。

隨後，威廉和他的同學們聚集在學校來慶祝這個重大的日子，這是他一天中最快樂的時光。

在威廉的心中，父親的印象依然深刻，他將父親的形象牢牢地記在了心中，並且把父親當作了自己前進的榜樣，很小他就立下了志向，希望自己能夠像父親及家族中的其他叔叔一樣，成為一名牧師，傳達上帝的訊息。

小威廉身上顯示出了嚴謹的作風，他做事高度嚴格、一絲不苟，即使只是受到了些許的責備，他的自尊心都會受到強烈的打擊。

小威廉喜歡自己一個人做事，從不接受別人的幫助，當他焦慮不安時，他會將自己隱藏起來，躲避在某個偏僻的角落內審查自己的行為，這個時候的他不會再跟妹妹一起玩耍，直至他透過深思熟慮之後，對自己的行為做出對錯判斷。

有一天，正下著傾盆大雨，威廉卻像平常一樣從學校邁著緩慢的步伐回到了家中，母親看到他雖然沒有帶雨傘或斗篷，卻絲

毫沒有慌亂的樣子，因此便將他叫住了，威廉不慌不忙地穩步走到了她的面前，母親問他為什麼下大雨還不趕快回家，威廉答道：「老師總是教導我們，不要在街道上隨便奔跑。」

威廉的夥伴們因此給他取了個「小牧師」的外號，因此每當他大聲地給同學們朗讀《聖經》裡的某一章節時，同學們就會安靜下來，帶著敬意去傾聽。

威廉經常告訴妹妹：「只有當一個人成為自己的主人的時候，他才能成為世界的主人。」他骨子裡有著天生的驕傲，並且深信尼采家族擁有非常高貴的血統。

年邁的祖母總是熱衷於給威廉講述家族的傳奇歷史，這讓威廉和妹妹伊麗莎白對家族的過去充滿幻想：

> 「家族的遠祖住在波蘭，名叫尼茲克，他擁有伯爵的封號。在宗教改革運動時期，先人們反抗宗教迫害，並與天主教會斷絕了關係，從此之後，他們就開始了悲慘的流浪生活，在整整 3 年的時間中，他們無家可歸，只能從一個村落被驅逐到另一個村落。
>
> 在流亡前夕，他們的兒子出生了，先人們只能帶著這個新生兒一起踏上了流浪的旅程，在流浪的過程中，雖然這個孩子經歷了各種各樣的磨難，但是由於母親全心全意、始終不渝的看護，這個孩子終於奇蹟般的長大了，並擁有健康的身體。這個孩子成了家族的傳承人，他活了一大把年紀，最終將自己的強健和長壽傳給了自己的後代，令這個家族最終欣欣向榮起來。」

雖然這個傳奇已經聽過很多次了，但是威廉從來都沒有感到過厭倦，他還經常主動要求別人講述波蘭民族的歷史給他聽。別人告訴他：「當年貴族們聚集在遼闊的平原中央選舉國王，這是

幼年失去慈父之愛

一個平等的選舉,因為即使是那些地位最低下的人也有權利按照自己的意志投上一票。」

威廉為他聽到的這一切而感動,他十分羨慕當時的生活。這些故事讓他深深地相信,這個民族是世界上最偉大的種族。威廉總是向妹妹宣稱:「一個尼茲克伯爵絕不會撒謊。」

童年的這些故事深深地刻在了威廉的心裡,他做事和他的祖先毫無分別。但每當他在家裡時,他總是被家中那幾個相依為命的婦人抱入懷中,百般愛撫。

擴大興趣愛好寫作

1853 年，威廉 9 歲了，這時，他的興趣更多了。教堂裡聽到的韓德爾的合唱曲音樂向他打開了另一扇通往音樂世界的窗戶，他開始學習彈奏鋼琴，他的進步很快，不久就能嫻熟地彈奏，並且可以即興演奏，他甚至可以和著《聖經》的朗誦來進行伴奏。

威廉這些過人的能力反而讓母親感到不安。她想起了丈夫的命運，他和威廉一樣喜歡彈奏鋼琴，在洛肯時他也常常即興演奏。

此時，威廉開始嘗試去創作優美的旋律，他譜寫了狂想曲及許多瑪祖卡舞曲；同時他也寫作詩歌，每當紀念日來臨時，他便將他的配樂詩作獻給自己的祖母、母親、姑姑和妹妹。

威廉還起草了包括各種原則和建議的說教性的論文，並將這些作品分發給夥伴們看。

1854 年，塞瓦斯托波爾被法國人圍困，威廉在被困期間研究了彈道學和設防地的防禦。塞瓦斯托波爾被占領以後，威廉難過地哭了。

在被圍困期間，威廉還和兩個朋友共同創辦了一個藝術劇院，劇院裡上演著古代戲劇和早期文明劇，他自己還為劇院創作了《奧林匹斯山諸神》和《奧卡達爾》兩個劇目。

小學畢業後，威廉去瑙姆堡上了中學。一進中學，由於威廉具有超乎常人的智商，中學老師們便向他的母親提議，讓她把她聰明的孩子送到更好的學校去學習。

擴大興趣愛好寫作

母親在這個問題上猶豫不決，她更願意讓孩子離自己近一點，因此她拒絕了老師們的建議。

1858 年，威廉在布萊的鄉間度假。那裡綠樹成蔭、群山起伏，而村莊坐落在薩勒河畔。薩勒河緩緩流淌，河水清澈，每天早上，威廉都要到清澈的河裡去洗澡。此時，威廉和他的外公外婆以及他的妹妹伊麗莎白住在一起，他對這種充實豐富的生活感到十分滿意。

威廉也知道，自己漸漸地長大了，很快便要離開自己的親人到外面去獨自闖蕩，也許他就要住在另外的地方，去結交新的朋友了。面對未知的人生道路，他有些許的焦慮。

威廉總是回憶自己整個漫長的童年。在那漸漸遠去的 14 個年頭裡，有父親的慈愛及家人去世的悲傷，也有對家族傳奇的驕傲和深深的嚮往，還有對音樂和詩歌的卓絕的發現。這些情景常常讓他心中激動不已。

威廉沉醉於自己所經歷的豐富人生當中，他拿出鋼筆，在 12 天的時間中寫出了一部自己的童年史。在寫作的過程中，巨大的喜悅充滿了心間，這讓他絲毫不感到疲倦。

位於薩勒河畔距離瑙姆堡 5,000 公尺遠，是一所歷史悠久的學校 —— 普爾塔學校，長久以來，威廉就被普爾塔深深吸引，渴望能夠獲得去普爾塔學習的機會。

早在 12 世紀的時候，西多教團僧侶從拉丁西部來到了這片斯拉夫人聚居的土地，他們獲得了河岸兩邊土地的所有權，並開始在土地上修建房子和教堂，在四周築起了高高的圍牆。

僧侶們很快就被薩克森君王驅逐出境，路德派教的信徒們定居在他們修建的教堂和房子裡，信徒們保留了僧侶們創辦的學校。

1540 年，學校的管理者在學校的教育指導中寫下了這樣一段話：「要培養孩子們，讓他們適應去過宗教生活。」

在這所學校中，學生們必須住校，同老師們待在一起。學校一直堅持禁止任何帶有安閒逸樂行為方式的規章制度。學校中還有一套明確的等級制度：每個老師指導 20 名學生，最大的學生要照管最小的學生。學校開設了宗教、希伯來文、希臘文和拉丁文的課程。

在這所修道院式的學校裡，新教的倫理和德意志民族所特有的一絲不苟、人道主義精神水乳交融，形成學校裡一種獨特的生活方式和精神風格。

這裡培養出了許多非凡卓絕的人物：諾瓦利斯、施萊格爾兄弟，以及兼哲學家、教育家為一身，被學校引以為榮的費希特。

1858 年 10 月，威廉的願望終於實現了，他被授予了一份獎學金，從此離開家進入了普爾塔學校。

在第一學年，有一次，威廉和同學們在一起說起穆奇烏斯的故事。他們認為「沒有一個人會有勇氣把手放進火裡」，因此不相信這個故事是真實的。

面對同學們的言論，威廉不屑於爭辯，他只是伸手從爐中抓出一塊燃燒的煤，把它放在了自己的手掌裡。最後的結果便是，這個燒灼的疤痕跟隨了他終生。為了讓這塊榮耀的疤痕歷久彌新，威廉甚至讓熔化的蠟流過傷疤，來使疤痕變得更加顯眼。

擴大興趣愛好寫作

除了這次「英雄壯舉」，威廉很少把時間花在玩樂之上，同時，他特立獨行，不輕易和學校裡的陌生人接觸。

從記事不久，威廉就是整個家庭中唯一的男性，因此他身上具有在女性環境中形成的溫柔氣質，這種氣質讓他很難適應普爾塔的清規戒律。每個星期天下午，他的母親、妹妹和他在瑙姆堡的兩個朋友都會到校門口接他，這時他才會外出，與家人和朋友們在學校附近的小酒館裡消磨掉剩下的時光。

1859 年 7 月，威廉獲得普爾塔學校提供給學生最長的一個月假期。在這難得的自由時間中，他重訪了自己的出生地，還到耶拿和威瑪匆匆旅行了一趟。

在學校裡，功課剝奪了他大量的時間，使他沒辦法發揮自己寫作的才能，現在寫作的靈感和樂趣又重新在他身上得以展現了，於是他把自己旅行的夏日印象寫成了一篇略帶悲懷的抒情散文：

> 太陽已經下山之後，我們離開了暗黑的圍場。此時，我們背後的天空沐浴在金色的霞光裡，而在我們頭頂的上空，雲彩閃耀著玫瑰色的光芒。夜晚的和風輕輕吹拂著，靜靜的城市在我們眼前。呵，呼吸一下這夏夜里美麗的氣息吧，這花香，還有這緋紅的晚霞！難道你沒有感覺到你的思潮正在翻越飛昇嗎？它就像縱情歡唱的雲雀，棲息在金光璀璨的雲端。看看這夜晚中的勝景！我自己的人生展現在自己的面前。
>
> 我自己的命運如此安排：暗黑的陰影裡一部分被封鎖其中，其餘的則飛昇於自由的空中！就在那一刻，路旁的瘋人院內傳出了一聲尖銳的叫喊，將我們的耳朵都撕裂了。我們感到好像有某個惡

魔正在搧動著邪惡的翅膀觸及我們的皮膚,因此我們把手握得更緊。滾開,你這邪惡的勢力!即使是在如此美麗的世界裡,依然還存在著痛苦的靈魂!

8 月初,威廉短暫的假期結束了,他重新回到普爾塔,他開始連續記載詳細的日記,日記中記敘了他無法接受學校對學生粗暴約束的心情,還有他對自身的反省。

每當威廉內心的情感澎湃激湧時,他便放棄寫散文,在他看來,只有音樂才能夠宣洩自己內心的憂鬱,而散文卻不具備這樣的功能,因此在靈感的驅使下他便寫一些韻文、四行詩或是六行詩。他從不主動尋求這種充滿詩情的時刻,總是等到它出現時才去跟隨它,一旦發現詩情減弱,他就會選擇散文來替代,用莎士比亞戲劇對白一般的語句來表達自己的情感。

普爾塔並不總是充滿了刻板的條約,學校有時也會擁有片刻的快樂,學生們可以外出散步、合唱、洗澡。

每當天氣過於炎熱時,學生們都會走出書齋,大部分的時間在水中度過,學校裡 200 多個學生齊聲唱著歌,踏著拍子來到河邊站好隊,然後跳入水中,學生們經常順流而下,興高采烈地游著,直至游得筋疲力盡。

當老師的口哨聲傳來時,孩子們便爬上岸,一隻尾隨其後的渡船送來校服給孩子們,這些孩子穿好校服,又唱著歌,秩序井然地回到學校,繼續各自的功課。

威廉很喜歡參加這種愉快的活動,他在日記中寫道:「這實在是棒極了。」

擴大興趣愛好寫作

8 月底，威廉的日記開始中斷，等他又重新開始記日記的時候，他的這本日記已經快要結束了。他寫道：

> 此時此刻，強烈的求知慾抓住了我，讓我對知識、對世界文明燃
> 起了無盡的渴望。這種衝動源自洪堡的書，我剛剛在讀。我希望
> 這種對知識的渴求能夠像我對詩歌的熱愛那樣持久不衰。

進入新學期，威廉著手制訂了龐大的學習計劃。他計劃把地質學、植物學、天文學與拉丁語讀物、希伯來文、軍事科學以及各種技能的學習結合在一起。他說：「首先的研究對象是宗教，因為它是所有知識的基礎。知識的領域無比巨大，而對真理的追求則永無止境。」

在孜孜不倦的研讀過程中，時光轉瞬而逝，威廉的第二個假期來臨了，短暫的假期後是第三次返校。

此時秋天來臨，普爾塔校園裡巨大的橡樹褪去了綠裝。威廉已經 17 歲了，他感到自己內心淒涼。

在過去很長的一段時間裡，他強迫自己對生活採取順從的態度，這讓他感到萬分痛苦，而此時的他已經閱讀了席勒、荷爾德林、拜倫的作品，他夢想著古希臘的神祇，尤其是那個陰沉的法力無邊的魔術師曼弗雷德。

威廉深入思考了幾行浪漫主義詩人的句子：

> 痛苦就是知識，
> 只有最深地體味了痛苦的人，
> 才能透悟致命的真理，
> 知識之樹並不等同於生命之樹。

威廉強烈渴望著能從日常課程和功課中解脫出來，這些幾乎占據了他所有的時間，他常常獨自聆聽那發自靈魂的獨白，並以此為基礎，理解自己大腦裡那些幻想。

　　威廉向母親和妹妹吐露了自己的想法，宣布他將改變原來對人生的規劃，他不再想做教授，因為一想到大學他就厭煩，他想做音樂家。

　　沒過多久，威廉喜愛的一個老師逝世了，這悲慘的事情徹底結束了他內心混亂的狀態。他開始與人隔絕，終日沉浸在冥想之中。

　　威廉接連不斷地書寫，記錄下了自己內心所有不安的陰影。他考察了龐大的浪漫主義體系和冰冷無情的科學體系。他沉浸在自己廣闊的閱讀視野中。

　　童年時代養成的虔誠的生活方式仍然深深刻在威廉的靈魂裡，雖然他常常對宗教提出大膽的否定論斷，但沒過多久他又會譴責自己剛才的罪惡，他極力維持著自身的宗教信仰，但宗教信仰正在他身上逐漸減弱。

　　威廉處在矛盾之中，他清楚，如果棄絕了宗教就意味著失掉了安全感，擔心自己找不到新的信仰來取而代之。威廉承受了巨大的壓力，不停地在輾轉思量：

> 解決這個事業不僅僅是幾個星期的事情，而是關乎終生。想要一勞永逸地解決人類思想中幾千年來被無休止論證的哲學問題；要革命性地推翻被人類中最高權威所接受的本質性的終極信仰……這些行為都只能算作魯莽輕率。

擴大興趣愛好寫作

那麼人類究竟是什麼呢？是整體中的一個階段，還是大化流行中的一段時間，上帝隨心所欲的創造物？所有這一切都還是個謎。然而無論歷史的浩瀚時間延續多久，它的每一分鐘又都運行於當下。決定性的歷史時刻就都存在於鐘面之上，因為時針永遠在走動，而到達零時的時候，它又開始新的一輪旋轉，就好比人類開創新的時期一樣。

沒有嚮導，沒有指南，在疑問重重的汪洋大海中，大多數的年輕大腦都只能面對迷失或者發瘋的結局，冒險者都被風暴打垮了。我們的全部哲學無法指引大眾，只會無休止地干擾大眾的思考。當大眾發現整個基督教思想是建立在虛妄之上時，一次巨大的變革將鋪天蓋地而來。我試圖否定這一切，但是，唉！摧毀極其容易的，但想要創造新的信仰卻很難。

威廉從不輕易地在重大問題上倉促地下結論，只要還有更多選擇，他都會選擇下結論以外的路。然而一旦他投身於其中，就必定會全力以赴。他寫道：「我們往往在本應面對我們命運的當口軟弱，服從於上帝的意志或是服從於謙卑的態度，這不是信仰，只是懦弱和膽小的藉口。」

順利完成中學學業

　　1861 年的春末，威廉不幸地患上了嚴重的頭痛和眼疾，醫生也無法診斷出病因，只能揣測病症是由神經性病變引起的。

　　由於生病，威廉爭取到了兩個月的假期，在瑙姆堡住到了 8 月底，假期的延長使得生病的苦惱被一掃而光，他在這裡度過了一段快樂的時光。

　　在兩個月的假期中，威廉對自己思想中的疑問作了深入的探索，儘管問題還沒有得到解決，但微小的進展足夠令他精神飽滿地重返普爾塔，他終於可以安心做一名勤奮的學生了。

　　威廉依然繼續博覽群書，堅持創作，每個月按時給瑙姆堡的兩個朋友寄去詩歌、歌曲、舞曲、評論和哲學論文。這些創作並沒有耽誤他的學業，反而令他在一些出色老師的指導下，學習了古代語言和古代文學。

　　愉快的生活一直持續到了畢業前夕，此時，威廉將不得不面對選擇職業的困擾。

　　1862 年 5 月，威廉在給母親的信中這樣寫道：

　　我經常想到自己的前途問題，外界環境和我自己的因素使這個問題顯得麻煩並且難以定奪。毫無疑問，我想憑藉自己的能力在我所從事的職業內取得成功，但我放不下這些充滿趣味、形形色色的問題。

　　無論面對什麼，我都會充滿熱情地走到底，這樣一來卻讓選擇變得更為艱難，因為問題的關鍵在於我們的希望正在欺騙我們，而

我們卻無法發現一個能夠讓我們為之獻身的職業。一個暫時的偏好、某種家庭傳統、一個願望都有可能讓人走上錯誤的道路！我不對自己的處境感到樂觀，我對很多的領域都頗有興趣，如果我能滿足自己廣泛的興趣，那麼我必然能在很多領域頗有成就，但這些成就對我的職業而言卻毫無用處。我明白自己當前的任務──選擇一個合適的職業，但這就意味著我要摒棄自己現有的許多愛好，同時去增加新的愛好。但我應該拋棄哪些呢？如果被我拋棄的那些恰好又正是我最鍾愛的呢？

最後一個假期悄悄地過去了，威廉即將畢業。此時學校的清規戒律對即將畢業的學生變得鬆懈了，並向學生提供了一間屬於他們自己的屋子。

威廉獲得了某些自由，總有些老師會邀請他出去吃飯，在這些娛樂活動中，威廉首次在修道院般的學校裡感受到世俗的樂趣。

他認真閱讀了柏拉圖的《會飲篇》、埃斯庫羅斯的悲劇，然後埋頭學習正規課程。

有時候，在吃晚飯之前，威廉會坐在鋼琴邊彈奏，他經常選擇貝多芬或者舒曼的曲子，甚至是自己的即興創作。他的兩個同學格斯道夫和保爾·杜森成了他固定的聽眾，後來他們保持了一生的友誼。

威廉陷入了狂熱的詩歌創作之中，只要稍有空閒，只要作業可以拖延幾個小時，他就會再次成為抒情詩人。

一個復活節的早晨，威廉離開學校返回了家中，沒有和任何人打招呼，徑直走進了自己的房間，他獨自待在那裡，如同沉入

夢囈一般，接著飛速運轉的思維便包圍了他，給予了他強烈的樂趣，他隨即將自己的感覺記錄了下來：

復活節之夜，窗外飄著毛毛細雨，一片靜謐。我獨自一人，裹著晨衣，坐在火邊。桌上躺著一張白紙。我凝視著它，陷入了深思。我轉動著鋼筆，為蜂擁而至的無法擺脫的問題、感覺和想法所困擾。它們向我逼來，嚷著要付諸筆端。喧囂吵鬧製造出了巨大的騷動。

我們的情緒被這種新舊的交戰決定著，戰爭的結果，無論勝利還是失敗都是我們的心境和情緒。我經常窺探自己的思想和情感，帶著虔誠的心緊緊地研究它們 —— 在劇烈摩擦所帶來的忙碌和騷動中，空氣震顫著被撕裂了，就像是某個思想或是某隻鷹長嘯一聲，直射太陽，這樣的過程讓我無法忘懷。

靈魂從鬥爭中吸取了力量，並在鬥爭中取得了甜蜜和輝煌成就。甜蜜在前方誘惑它，讓它燃起對新鮮養料的慾望，於是它被驅使著奮力作戰，大肆破壞，但是當它把獵物誘捕到手併吞入腹中時，它臉上的表情又何其地溫柔。

此刻的歡樂和痛苦都會瞬息即逝，它們僅僅是作為更深廣感覺的帷幕而存在著，當那些更為成熟、更為高級的感覺出現之時，它們就會消失。正因為此，當它們稍縱即逝，那些曾經獨一無二、無與倫比、迅捷而又無法形容的感覺會越來越深地銘刻於我們的記憶之中。

此刻，我正想著我曾經愛過的一些人，他們的名字、音容笑貌在我腦海裡一閃而過。不論是這些回憶中的哪個片段被重新想起時，它們就都會喚醒我心中那些更為敏銳的感覺，因為精神不能容忍它的原地踏步，它需要被不斷地擴充，向著更高的高度進發。

親愛的感覺，你和大自然一樣豐富，卻比大自然更為壯觀，因為你永遠在鬥爭，為著達到更高的高度，而植物們卻在原地不動，它們在今天發出的香味與初生時發出的香味毫無區別。

回到普爾塔之後，威廉參加了畢業考試，得到了畢業證書。

畢業典禮是每個學校都要舉行的儀式，畢業生們聚集在一起做最後一次祈禱，接著向他們的老師致書面感謝詞。

威廉在感謝詞中首先向上帝致意：「我首先感謝上帝，他賜予我一切。對於他的慷慨，我只能向他奉獻發自內心深處的強烈謝意和對其愛的信任。他給予了我在此地度過一生中最歡樂的時光的機會。祈願他，仁慈的萬物之主，繼續把我置於其庇護之下。」

接著，威廉向尊敬的老師和可愛的同學們致辭：「親愛的同學們，我深知，移植一棵樹很困難，它需要在新的土壤環境中慢慢生根。我很懷疑在離開你們的日子裡我能否習慣？再見吧，親愛的同學們！」

似乎這篇長文還不足以宣洩他心中的感情，於是他又在文章後為自己寫了幾行抒情詩，在詩中表達了自己的感情：

再見了，再見！汽笛已經發出了起航的召喚，
船長的催促擊退了我的徘徊，
從今往後，乘風破浪，千帆競發。
再見，再見吧！……

進入波恩大學讀書

1862 年 10 月中旬，弗里德里希·威廉·尼采離開了瑙姆堡，他和同學保爾·杜森及杜森的一個表兄弟前往波恩大學。

當時，三個年輕人選擇了馬匹作為交通工具，他們騎著馬在路上慢慢走著，盡情享受那自由的時光，他們在萊茵河邊短暫地停留了一陣，快樂得忘記了所有煩惱。三個年輕人還在鄉村的小酒店內喝了很多啤酒。

尼采看起來有些醉，他似乎對自己那長著長耳朵的坐騎很感興趣，他俯下身仔細觀察測量了一下那對長耳朵，斷言道：「這是一頭驢。」

杜森和他的表弟立刻回答道：「不，這是一匹馬。」

尼采再次測量了一下耳朵，肯定地說道：「這是一頭驢。」

他們就在路上閒逛，直至傍晚時分才回去。三個人一路上高談闊論，吵吵嚷嚷的聲音令鎮上的居民很反感。尼采柔和地唱著情歌，吸引了好多女孩在窗邊傾聽，她們都躲在窗簾後面，小心地從縫隙中窺探著這三個年輕人。最後，一位正直的居民忍無可忍，不得不出來喝斥這三個喧鬧者，用恐嚇的語氣將他們趕回了旅店。

到達波恩後，三個年輕人安頓了下來。

而當時的德意志正處在四分五裂的境地，大學卻依然能夠保持住自身的活力，過著強而有力的生活，這是與這些大學光榮的

進入波恩大學讀書

歷史和榮耀的傳說密不可分的。人們都知道萊比錫、柏林、耶拿、海德堡和波恩大學。

老師們鼓勵青年學子勇敢地武裝起來，為拯救德意志民族而去與拿破崙抗爭。為了反對暴君和僧侶們對德意志自由原則的踐踏，這些勇敢的學生們曾經憤然反抗，並且現在還仍然進行著戰鬥。

德意志民族熱愛這些嚴肅的老師和鬥志昂揚的青年，他們是國家尊嚴的象徵，替武裝起來的人民指引了方向。少年們都把自己學生時代的夢想視為人生的頂峰，溫柔的姑娘也將純潔高尚的學生作為自己暗戀的對象，對富於夢想的德國人來說，沒有什麼會比大學的夢想更具吸引力了。整個國家都為這些充滿知識、勇氣、美德和歡樂的傑出學校感到驕傲。

到達波恩後，尼采和夥伴們都為自己的所見所聞而激動。他寫道：「我到達了波恩，看到無限美妙的前景，我為這一切感到驕傲。」

尼采急於結識新朋友，希望與他們共同學習並將對他們的思想產生影響。

波恩大學的學習風氣是集體學習，大多數學生都習慣於結成社團，共同進步。尼采開始有些遲疑，但他意識到如果不加入社團，自己就會孤僻離群，因此他加入了其中的一個學生協會。

在接下來的幾個星期裡，尼采盡量讓自己融進新生活中，但是他依然保持了自己一貫的嚴謹作風，他不沾菸酒，但是卻淋漓盡致地享受學術討論和水上泛舟帶來的簡單樂趣。

他喜歡去河畔的飯館吃飯，黃昏時和朋友在回家的路上即興合唱，他沉浸在這樣的生活之中。

很快，尼采就對這樣的生活感到了厭倦，快樂的情緒也隨之煙消雲散了。12月初，他的娛樂生活開始變得越來越少，他又開始重新回到了從前的狀態，不安的情緒再次襲來，而親人的遠離讓他倍感孤獨，隨著聖誕節和新年的到來，他內心的傷感愈加明顯。

尼采不想浪費時間，決定採取一種更為嚴格更為專注的方式來生活，但這就必須和他的同伴們斷絕關係，面對這個結果，尼采猶豫了：「雖然夥伴們跟我一樣年輕勇敢，但顯得有些粗野，我該不該跟他們斷絕關係呢？」

尼采在給格斯道夫的信中說道：「當一個人對出現於眼前的邪惡沒有了源自本能的反感，那麼他就走得太遠了。」

尼采選修了一門難度很大的課程，他決定跟他的朋友們坦率地談談，以便使他們的生活脫離粗俗低級而朝著高尚的方向發展。因此，他呼籲禁止或減少抽菸喝酒協會，因為這種協會是令他反感的。

但是，尼采的建議沒有被採納。並作為倡議者受到了冷落，被孤立到了一邊。協會成員對他進行了無情的諷刺，這使他感到憤怒。他用激烈的語言進行了回擊，他失去了所有的友情與關愛。這時他體會到了被打敗者的痛苦的孤獨。最終尼采被他們「請」出了協會。

尼采是一個驕傲的人，所以要他繼續待在波恩是很難做到

的。他刻苦鑽研索然無味的語言學，想要借此鍛鍊自己的心智，糾正自己的神祕主義傾向和有些混亂的思維。

同時，尼采也能透過直覺感受到古希臘文那令人吃驚的美感，但在進行分析的時候卻使他喪失了興趣。他的語言學老師里奇爾勸他不要進行其他科目的研究：「假如你想成為一個強者，就要取得某一方面的專長。」

尼采接受了這個忠告，他放棄了自己要對神學進行深度鑽研的念頭。不久，他就已經能夠寫出受到里奇爾褒獎的論文了。

尼采經常聆聽同學們的議論。他們中有些人毫無信念、不帶感情地一遍遍重複著黑格爾、費希特、謝林的各種理論，另一些喜愛實證科學的人則閱讀沃格特、畢希納的唯物主義論文。尼采讀過這些論文就不願再讀第二遍了。因為他是一個詩人，需要的是抒情、直覺和神祕，冰冷清晰的科學世界是不能令他感到滿意的。

尼采太具有詩人氣質了，而且也太具有貴族氣質了，這注定他不會對平民政治感興趣。他把美、善、力量、英雄主義看作是理想目標，並且希望自己有朝一日能夠實現它們。

當然，尼采有自己明確的愛好，他熱愛古希臘詩人，喜歡巴赫、貝多芬和拜倫。

已經 21 歲的尼采跟從前那個 17 歲的喜歡對不確定的意見表示沉默的他還是一樣的。他的朋友杜森認為祈禱沒有實際的效力，只是給祈禱者的心靈以虛幻的自信而已。

尼采尖銳地回答他說：「那是費爾巴哈式的蠢話。」

杜森在別的場合還提起過施特勞斯剛剛再版的《耶穌傳》，

並對書中的意見表示了贊同的觀點。但尼采拒絕在這個話題上發表看法：「這個問題非同小可。要是你信奉耶穌，那麼你同時也必須供奉上帝。」

那時，尼采的妹妹還是基督教的信仰者，她寫信對尼采說：「人們必須從事情的最痛苦的一面中去尋求真理。就目前而言，要去相信基督教的玄妙教義而妄想布花工夫是不可能的，由此推斷，基督教義是真實的。」

尼采立刻給妹妹回了一封措辭激烈的信。這封信表露出了他內心的不快：

你認為要接受並承認這些信仰真的很困難嗎？我們是在這種信仰的薰陶下長大的，它已經一寸寸深入地扎根於我們的生活之中。我們的親朋好友及他人都把它視作了真理。而且無論真實與否，它確實安慰並提高了人性的心靈。
你認為承認這種信仰比與一個人的習慣作鬥爭更為艱難嗎？那是一種疑慮重重的孤獨的鬥爭，並會因為各種精神上的消沉和悔恨而變得更為陰沉。這種鬥爭常使一個人深陷於絕望當中，但卻忠實於他的永恆追求，即對通往真、善、美的新道路的發現。
這就是已經明確劃分好了的生活的道路，如果你想要得到靈魂的安寧和幸福，那麼你就要相信；如果你想做真理的信徒，那麼你就要探索……

尼采盡力忍受著這種痛苦的生活。他去鄉間散步，把自己關在屋裡研究藝術史和貝多芬。但是這些努力都是徒勞無用的，他無法忘記波恩的人們。他曾兩次去科隆參加音樂節，但是每一次回去都會增加他的憂鬱。

進入波恩大學讀書

尼采坐船離開了生活一年的波恩。這是他臨離開時的心境：

我像亡命之徒一樣離開了波恩。夜半時分，我和我的朋友們一起站在萊茵河的碼頭上。我們在等從科隆開出的輪船。在即將離開這繁華美麗的地方和那些青年同學的時候，我沒有感到一絲一毫的痛苦。

事實正好相反，我是從他們身邊逃離的。我不想再像以前那樣對他們進行一番不恰當的評價。但是因為我的天性與他們格格不入，我是如此靦腆內斂，而且在如此多的作用力面前我沒有能力去堅持自己的角色。一切都強加於我身上，我無法成功地控制自己所處的環境。我感到自己對科學和生活都將無所作為，卻讓各種謬誤填滿了自己的大腦，想到這裡，我便感到心情沉重。輪船來了，把我帶走了。我在潮溼陰冷的夜裡待在駕駛臺上，看見那勾勒出波恩河畔輪廓的小燈逐漸熄滅，此情此景使我倍添逃亡之感。

到萊比錫繼續求學

1863 年年初，尼采和一個同學離開了波恩，他們在柏林住了兩個星期，同學的父親是個愛指責別人、事後又後悔的富商。老人肯定地說道：「普魯士完了。自由主義者和猶太人用他們的胡言亂語毀掉了一切。他們摧毀了傳統、自信和思想本身。」

尼采喜歡聽這一類尖利的話，並以波恩大學學生為例來評價德意志。他對柏林所有的人都看不順眼，於是決定去萊比錫完成學業。一到這個陌生的城市，他就立即去大學報到註冊。

10 月 17 日，在度過 21 歲生日後兩天，尼采到達萊比錫。18 日，在萊比錫大學註冊學習古典語言學。這時他對於自己今後的職業也想清楚了：「我的目標是成為一名真正的教師，首先要在青年人中激發起必不可少的深刻思維並培養他們自身的評判能力。這樣，在他們心裡就能不斷地提出為什麼要學習研究，什麼是他們的研究對象以及怎樣去研究這樣一些問題。」而現在，他首先就是以這樣的要求來規定自己的學習活動的。

在萊比錫大學報到的這一天，正好是校慶日，尼采目睹了一個有趣的場面：校長向學生訓話。

校長告訴他們說：「100 年前的同一天，歌德曾經和他的長輩們一起在這兒註冊。但是，天才有他自己的道路。跟隨天才們的道路是危險的。歌德不是一個好學生，你們學習期間切不可以他為榜樣。」

到萊比錫繼續求學

青年們大笑著高呼著：「哦，哦！」

尼采聽到這裡，感到這不僅是萊比錫大學的榮耀，也是他尼采的榮耀。百年後的今天，步偉大歌德的後塵，他也來到了這裡，這真讓他自豪不已。他暗自思忖：這也許不僅僅是巧合！

尼采對於命運之神在此時把他帶到這裡感到欣慰。他燒掉了一些還夾在他的作業本裡的詩稿，又重新投入到了學習中去，並訓練自己用最嚴謹的方法去研究語言學。

然而對語言學的厭倦感很快便又捲土重來，於是尼采又長篇累牘地在書信和筆記裡發著牢騷。

幸虧這一切很快就結束了，一次偶然的機會，他在書攤上看到了亞瑟·叔本華寫的一本書——《作為意志和表象的世界》。他翻了幾頁，書中遣詞造句所表現出的氣勢、傳神和天賦當場就將他震住了。

尼采後來寫道：「我不知道是什麼精靈在我耳邊低語：『帶上這本書回家吧。』 我就這樣獲得了它。一走進房間，我就打開了我的寶貝，並聽憑自己去接受這本力量充沛而又嚴肅陰鬱的天才著作的影響。」

叔本華這本書的序言極其豐富，包括了作家為 3 個版本寫的 3 篇序言，而 3 篇序言分別寫於 1818 年、1844 年和 1859 年。這些序言傲慢尖刻，但沒有表現出絲毫的不安。相反，深邃的思想和尖銳的諷刺在書中比比皆是。它們具有歌德的抒情性和俾斯麥一針見血的現實性，具有德國文學罕見的典雅優美和從容不迫。

尼采被書中散發出來的高貴氣質、藝術情感和完全自由的精神征服了。叔本華寫道:「我認為一個人所發現的真理,或者他投射到某個幽暗地方的光芒,總有一天會打動另一個思考者,令他感動、欣喜,給他安慰。似乎他所說的一切全都是為了這個人,這正如那些和我們相近的靈魂在人生的荒漠裡曾經對我們訴說,安慰過我們一樣。」

尼采被這些話深深地感動了,因為這些話深深地觸到了他的心靈。

在叔本華的描寫中,世界不是由萬能的神掌控,而是被鏈條般的法律牽引著,但是世界的永恆本質是驅使人們投入生活的盲目意志,而這就決定了世界對法律和理智分析的漠視。這種盲目性促成了宇宙中的一切現象,所以,只能陷入對自己的痛苦折磨當中,生活中有著無限的慾望,而慾望帶來無盡的折磨。

19 世紀的偉人信仰人的力量,但沒有掩蓋他們在潛意識中對人類的蔑視,蔑視這些「最後來到地球,大多只有 30 歲的生物」。哲學家們將發展這一愚蠢的發明提了出來,這個觀點與理性的意志相對抗,反駁理性意志的無生無死是一種荒唐的謬論,而在發展的前提下,宇宙是客觀的,沒有意識的……

這就是尼采在這本小冊子上讀到的內容。在 19 世紀,這個觀念衝擊了人們長久以來天真的信念,擊碎了人們大腦中幼稚的美夢。

尼采在書中體驗到了叔本華那令人驚訝的熱情,雖然他譴責生命,但是他在自己的作品裡灌注了強烈的生命力。

到萊比錫繼續求學

　　足足兩個星期，尼采終日將自己泡在這本書和鋼琴裡面，他的睡眠時間很短，他總是在凌晨 2 時睡覺，然後 6 時又起床，閱讀之後他常常沉思，並在深思的間隙將自己的感想寫成一篇〈啟應禱告文〉。

　　現在，尼采的靈魂充實了。他看到了自身可怕的真相，但他自己卻並不畏懼，因為在很長的時間裡，他的本能就不斷提醒他，讓他提前做好了接受這個真相的準備。

　　尼采寫信給妹妹說：「我們是在尋求寧靜與快樂嗎？不，我們尋求的只是真理，儘管它很邪惡。」

　　童年的沉思，埃斯庫羅斯、拜倫和歌德作品的閱讀已經給了尼采這樣的預感，他甚至在基督教的象徵中瞥見過它：「這一邪惡的意志，慾望的奴隸，現今連救世主賦予的神聖光芒都被收回具有悲劇性的墮落的本質是何物？」

　　尼采曾經擔驚受怕，恐懼自己由於年輕和輕率而墜入這樣的人間地獄，可現如今他敢於正視它，不再感到害怕，因為自己不再是孤獨一人，叔本華是和自己並肩而戰的。

　　尼采折服於叔本華的智慧，並實現了自己多年來想要找到一個導師的深切願望，對此，他感到心滿意足。他甚至將叔本華稱為了自己的父親，由於童年喪父，尼采一直將「父親」這個稱呼看得神聖而又溫柔。

　　尼采萬分欣喜，但隨即卻又感到了深深的遺憾，因為叔本華剛去世不久。這種得到導師的欣喜和失去導師的悲哀交織在一起，尼采開始變得神經質。想要重新回到正常人的生活，就必須要努力才行。

尼采因為有了叔本華這個導師，他不再厭煩語言學，甚至參加了由里奇爾的學生成立的研究會。

1866 年 1 月 18 日，在閱讀叔本華的作品幾個星期後，尼采在研究會上向會員們展示了自己的成果，他詳盡闡發了自己對泰奧格尼斯的一些手稿及其《詩歌選集》的研究。

尼采的講演揮灑自如，充滿熱情，受到了會員的一致好評。尼采喜歡成功，演講收到的良好效果令他感到愉快。

隨後，尼采把這篇論文交給了里奇爾，里奇爾對這篇文章表示讚賞並且熱烈地祝賀他，這使得尼采更加高興了。自此之後，尼采成為了老師最看重的學生。

尼采從來都把學習語言學視作自己的次要任務，在他的眼中，語言學只是訓練智力和謀生的手段。他的靈魂和所有深邃的靈魂一樣飢渴，同時，和所有年輕的熱烈的靈魂一樣，在結束一天的枯燥工作後，他常常陷入憂傷的狀態。

現在他的悲哀已經不再是對虛度時間的哀悼，他總是在書信的開始抱怨，可最終卻變為熱烈的情緒，這種奇怪的轉變不代表情緒的痛苦，而是代表著過度充分：

> 有三件事在安慰我的情緒，它們實在十分難得 —— 叔本華、舒曼的音樂和孤獨的散步。昨天，天氣陰沉，一場大暴雨轉眼即到，我快步走向鄰近的小山，往上攀登。山頂上有一個棚屋和一個男人，男人正在屠宰兩隻羔羊，他的孩子則站在一邊觀看。
> 一會兒，暴雨夾雜著轟隆的雷聲和冰雹傾盆而下。暴雨讓我全身暢快，充滿了力量和熱情，而且我完全明白，只有遠離一切憂慮重負，才能像我一樣了解自然，在自然中獲得解脫。當物我合一

時，那些塵世紛繁與我何干？永恆的能動與使動又與我有何瓜葛？閃電、暴雨和冰雹與這一切迥然有別，倫理無法約束它們，因此它們自由自在！這種狀態讓它們如此幸福並且萬分強大，它們即是不受心智擾亂的純粹意志！

1866 年夏，尼采泡在萊比錫的圖書館裡，他正在研究一些深奧難懂的拜占庭時期的手稿。

突然，他的注意力被一件事件吸引了：普魯士韜光養晦 50 年，等到重出江湖時便扮演了一個好戰者的角色。俾斯麥成為腓特烈大帝王國的新一個領袖，俾斯麥是一個感情熱烈、性情暴躁、精明圓滑的貴族，他統一天下，建立大一統的帝國，實現所有德意志人的夢想，在一次和奧地利發生爭執的時候，俾斯麥命令毛奇領兵奮戰 20 天，打敗奧地利。

而就在這一時期，尼采在一份備忘錄裡寫道：

這個星期是薩多瓦節，我剛剛為萊茵博物館完成了撰寫《泰奧格尼斯》的工作。

雖然尼采沒有停下手頭的工作，但這些政治大事件卻讓他印象深刻，他自認為是普魯士的一員，他熱愛國家並為民族的勝利感到驕傲，但是他在快樂之後依然冷靜：「這是我從未體驗過的快樂，我們勝利在望，可是只要巴黎仍是歐洲的中心，那我們的努力就都是徒勞的，我們必須做的是努力打破這種平衡，就算不成，我們也要盡量去打破它。如果我們的鬥爭失敗了，那麼就讓我們大家一起為國家而死。」

對未來的展望並沒有擾亂尼采的心智，這種展望正好契合他那憂鬱悲觀的趣味。

　　他精神抖擻，讚美之情噴薄欲出：

　　有時候，我努力讓自己清醒，不讓自己因為一時的情緒和對普魯士的情感而被沖昏了頭。在我所看到的，這種完全由某個政府、某個領導主導的事情，是被歷史的前進所推動的行動。我很清楚，這種行動一點都不道德，但是對那些期待著它的人來說，這種結果充滿了美感，並引人奮進。

深入研究叔本華的思想

1866 年，在萊比錫度過的第二年，也許是尼采這一生中最快樂的時光。導師叔本華給他帶來了精神上的安全感，這讓他享受其中。

他在給朋友杜森的信中寫道：

> 你要我證明叔本華的正確，導師就像我腳下的土壤，讓我扎根其中，有了他我才能懷著勇氣和自由平靜地看待生命。導師就像我腳下的階梯，讓憂鬱的潮水無法淹過我的頭頂，不能將我沖出路邊。因為有了導師，即使在那些人跡罕至的領域，我依然能夠感到像是在家中那樣悠閒自得。

這一年平靜而又充滿了友愛，公共事務並不讓尼采發愁。普魯士在取得短暫的勝利之後，重新走回到了平庸的正常的日常道路中，而此時評論界和新聞界依然對普魯士官方的行動喋喋不休。對此，尼采一概置之不理，他說：「現下沒有多少人在忙那些具有真正重要性和真正意義的事情，他們大多智識庸常，這種思潮值得人們警覺。」

尼采對藝術、思考和古代語言學本質特徵的研究有著濃厚的興趣，他把全部精力都投入到了這幾方面。他喜歡里奇爾老師，認為「他是我的科學良知」。

尼采積極參加研究會舉行的各種氣氛融洽的晚會，他參加了研究會演講和討論並制訂出了工作計劃，雖然這些計劃需要大量的時間，但他依然將這些計劃推薦給了他的朋友們。

尼采選擇第歐根尼·拉爾修的原始文獻作為研究課題，而第歐根尼·拉爾修的最大貢獻就在於他為後人編輯保存了古希臘哲學家們的珍貴訊息。

　　尼采期待自己能夠寫一篇具有遠見卓識的研究報告，在他的設想中，這個報告要論證嚴謹卻又行文優美。他寫信給杜森說：「你一定也已覺察到，一切重大作品都具有精神層面的影響。那種全心全意為材料尋找和諧形式的努力和石子投入水中的效果相同，它泛出的波紋由小逐漸擴大，並不斷產生著更大的波紋。」

　　4月分，尼采將全部的筆記集中起來並加以系統化，他沉浸於文章的美感之中，他期望著創作出深奧優雅的語言。他不喜歡學究們的寫作方式，因為那些文字失去了詞的韻味，而句子的過分勻稱讓文章看起來顯得很空洞。

　　他寫道：

所有限制都從我眼前消失了。這個國家不講究文體風格，我在這種惡習中浸淫已久。但我在「你應當寫作，你必須寫作」這一無條件的命令中驚醒。

長久的生疏讓鋼筆在我指間突然變得生硬。我感到絕望，情緒失控。我聽見萊辛、利希騰伯格、叔本華說過的原則在我的耳邊迴響，斥責著我的懶惰。

首先，我希望我的文字流淌出一種歡快的情緒，我會將留戀彈琴的毅力運用於此。我希望我最後彈奏出來的不僅是樂譜本身所記載的曲調，還是充滿自由奔放情感的幻想曲，它要盡可能自由，但同時又要合乎邏輯和美感。

深入研究叔本華的思想

尼采忠誠於與童年玩伴間的友誼，但此時，他的那些朋友中的一個已經去世了，另一個則由於生活和職業的關係已經與尼采分別了 10 年，時間和空間的距離讓尼采生疏了這段友誼。

在普爾塔的時候，尼采結識了好學的杜森和忠誠的格斯道夫，如今他們中的一個在蒂賓根讀書，另一個遠在柏林。尼采懷著巨大的熱情，一直保持著和朋友們的通信，但是通信遠不能滿足朋友之間對問題的交流和對感情的傾訴的需要，因此尼采十分渴望友情。

最後，尼采結識了歐文·羅德，此人精力旺盛，聰明穎悟。尼采一眼就喜歡上了對方，他用高尚的眼光看待自己的新朋友，並對歐文崇拜備至。

每晚結束了緊張的工作之後，這兩個年輕人就聚在一起，他們喜歡在一起散步或者騎馬，時刻都保持著交談。這種建立在精神交流和哲學基礎上的友誼令人感到非常愉快。他們的很多觀點都不一致，經常進行激烈的辯論。這樣的辯論促進雙方的思想發生更深刻的變化。爭論之後，互相牴觸的思想靜默了下來，洋溢著靜穆的情緒，在互相包容。

尼采和歐文定了一個約定：假期的前幾個星期要一起度過。

等到暑假來臨，他們離開了萊比錫，前往人煙稀少的波希米亞邊區做徒步旅行。波希米亞邊區是高原地帶，林木叢生，景色和法國的孚日山脈非常相似。

尼采和歐文帶著極其簡便的行裝，終日漫遊，他們連書都沒有帶。從一個旅館走到另一個旅館，過著無憂無慮的生活。在旅

途中，他們以叔本華、貝多芬、德國和希臘為話題，對各種問題作出了評價和批評。

他們對於科學都有著相同的排斥：「啊，愚蠢的博學。詩人歌德發現了古希臘的民族精神。他用夢幻的色彩規範了這種精神，並將它作為豐富而又清晰的美的典範，向德國人展示了出來。後來的學者們便追隨他，可是他們鼠目寸光，將這奇妙的藝術工作變成了科學命題，並將所有的問題都挖了個透，就連《伊利亞德》語言上的小問題也不放過，他們甚至挖掘出這些小問題與雅利安語的關係。」

「可是這些研究成果又有什麼意義呢？歌德早就注意到《伊利亞德》那獨一無二的美，但他們卻忽略了這一點。我們要制止這種無聊的遊戲，這是我們的責任。我們要回到歌德的道路上，不是分析解剖古希臘精神，而是要讓這種精神發揚光大，並將這種精神傳播到人民之中。學者們糾纏於細枝末節的探究已經太久了，現在該讓這種探究停止下來了。我們這一代人的責任是要參與到輝煌的遺產中，而不是冷眼旁觀。」

經過一個月的旅行和交流，兩個年輕人離開了波希米亞邊區，來到小城邁寧根。此時，悲觀主義哲學家們正在這裡舉行一系列音樂會。

樂隊指揮是李斯特神父，在音樂會上，樂隊演奏了漢斯·馮·布婁的交響樂詩《涅槃》，主辦方在節目單上用叔本華的格言對這首詩的含義作了解釋。李斯特在他自己擅長的如《祝福》的宗教性作品中表現甚佳，而他在探索《涅槃》的印度文化特徵方面

也取得了非凡的成功。

在音樂節結束的第二天，尼采和歐文結束了一個暑假的共同旅程，各自回到了家中。

尼采一個人待在瑙姆堡，在這期間，他進行了各種各樣的工作並廣泛地進行了閱讀。他閱讀了哈特曼、杜林、朗格、巴恩森這些年輕的德國哲學家們的著作，並作了仔細的研究。

尼采深深敬仰著這些哲學家並把他們看作是自己在思想上的親密戰友，他渴望與他們結識，和他們並肩創辦一份評論，並在上面發表自己和他們合作創作的文論。

尼采計劃了一篇關於叔本華的宣言，在這篇預計的短文中，他想將叔本華的思想發揚光大，並且以此使叔本華成為同時代人的導師。

文章是這樣寫的：

> 在所有的哲學家中，叔本華是最真誠的。虛假的感覺從來不曾束縛叔本華的心智，這樣的坦誠和勇敢使得叔本華具有成為領導者的潛質。叔本華統領我們的時代，他的悲觀主義建立於理智之上，睿智卻又無法不嚴肅，他是復興古典主義和德國希臘精神的哲學家。

巧遇華格納先生

1867 年，正當尼采全身心投入工作的時候，他的生活突然發生了變化。由於眼睛的高度近視，尼采一直不用去服兵役。然而到了這一年，普魯士在政治上的擴張導致軍隊急需大量士兵，於是尼采被招入了駐紮在瑙姆堡的砲兵團。

尼采一進入兵營，他就決定要全力以赴服好兵役，此時正當戰爭時期，履行軍事義務為的是保家衛國，服兵役被人們看作是神聖的事業。尼采也認為投筆從戎是一件對健康有益的事情，因此他認真地去做一名砲兵，而且立志要做一名出色的砲兵，為國家效勞。

他用夾雜著希臘文的德語這樣寫道：

這種生活讓我很不習慣，但是它卻是有益的。短短的時間中我的感受非常深刻，服兵役對人的精神活力有著持久的影響，一進入兵營，從前軟弱無能的懷疑主義就會完全消失，從這一點來說，服兵役具有至高的價值。

我們都知道懷疑主義會帶來的後果。在營地各種訓練和行動可以讓人不斷看清自己身上的天性和它帶來的好處與壞處。兵營裡都是些陌生人，大部分人的行為粗野，但是首長和士兵都對我和藹可親，他們讚賞我對每一件事都表現出熱情和興趣。

試想一下，一個新兵在 30 個人的騎行比賽中出類拔萃，引人注目，這難道不會讓這個新兵感到萬分驕傲嗎？在我看來，同一張語言學文憑比起來，這樣的榮譽要有價值得多。

巧遇華格納先生

緊接著，尼采全文引用了里奇爾為讚揚他那篇學術論文所寫的推薦信，這封推薦信行文優美，具有西塞羅風格。

這種樂觀情緒持續的時間並不長。很快，尼采就意識到，一個沉浸於文學，並且整日思考德謨克利特哲學問題的人，投筆從戎做了一個馬背上的砲兵實在是件不幸的事情。

有一次，尼采從馬背上摔下來，肋部受了傷。他連續臥床一個月，一直躺到了五朔節。雖然傷痛折磨著他，但他卻因禍得福，又有了閒暇，可以進行一生中最喜歡的研究和思考。

節日的來臨使他開始變得焦躁不安了，他甚至開始懷念起操練時的自由生活。

為了減輕自己的煩躁，尼采開始研究西蒙尼德斯的詩作《達那厄的哀訴》，在短期的工作中，他修正了原文中帶有疑問的詞語，並且將研究成果以信件的形式寄給了里奇爾。

尼采的傷口遲遲未能癒合。一天，他的傷口化膿了，一塊骨頭的碎片從傷口處露了出來。他開始明白，他的計劃、考試、去巴黎旅行通通都要泡湯了。他說：「只有當一個人看到他自己的一小片骨骼時，人類的脆弱才會徹底暴露無遺。」

巴黎之行是尼采一個最新的想法，同時尼采又是一個從來都不會獨享歡樂的人，因此他寫信告訴他的朋友們：「當我們畢業時，我們一起去巴黎過冬吧！在那裡，我們可以忘掉學業，我們也可以不再賣弄我們的學問。讓我們見識一下康康舞和綠色的苦艾酒吧！我們可以好好品嚐它。讓我們去巴黎像兄弟一樣地生活，漫步在林蔭大道上吧！讓我們作為德國青年的代表到那裡去

吧，我們不會虛度光陰，我們會不時地投點小短文給報紙，向世界披露巴黎的逸聞趣事。」

歐文答應了尼采的請求，這大大地減輕了尼采一直以來的急躁，他忍受著病痛，最後他終於痊癒了。

10 月初，尼采在瑙姆堡無法享受到各種文化活動，文化生活的極度缺乏使他重返了萊比錫。老師和同學們都在熱烈地歡迎著他的回歸，對此他感到很快樂。

此時的尼采還是一個不滿 24 歲的小夥子，但是他的前途卻已經一片光明了，柏林一家重要的評論雜誌向他約稿，他們想要一些歷史研究方面的理論，尼采接受了邀請。

同時，萊比錫一家音樂評論雜誌發出了邀請，想聘請尼采做編輯。但是尼采最終還是拒絕了他們的再三請求。

尼采愛好廣泛，但愛好中卻不包括政治，他討厭公共集會上的嘈雜。他說：「我堅絕不做一個愚蠢的政治家。」

格斯道夫寫信告知尼采一些有關議會在柏林的陰謀，對此，尼采立即回信道：

我十分震驚，對於這些事情，我既不能很好地理解，也完全不能夠接受。除非我不再屬於人民這個階層，可以分別考慮某個當權者所做的事情。俾斯麥總是能給我帶來巨大的滿足。

他的論文就像是高度酒，能帶來強烈的快感，對於你告訴我的他的對手們的陰謀，那實在是太容易猜到了，因為任何低級、狹隘、偏執和有限的事物都必然會反對這樣高昂的天性並同它作殊死的鬥爭。

巧遇華格納先生

此時的尼采沉浸在眾多的歡樂當中,尤其是他又發現了一個新的天才:理查‧華格納。他的《崔斯坦與伊索德》深深地打動了尼采。

德意志人對華格納這個集詩人、作曲家、政論家、哲學家於一身的男人讚賞有加。他在德累斯頓是個激進的革命者,在巴黎是個不被政府歡迎的作家,在慕尼黑又是宮廷的寵兒。德國學術界討論他的作品,嘲笑他的債務纏身和那件猩紅色的長袍。總之,華格納的生活夾雜著真誠和虛偽、卑賤和偉大。

尼采在很長的時間裡思考著:「華格納到底是個什麼樣的人?一個不安的靈魂?一個天才?」

而華格納的其他作品卻令尼采感到不安。1866 年 10 月,尼采寫信給格斯道夫:「我剛讀完《女武神》,我的感覺是如此的混亂,以至於我無法下結論。裡面巨大的美和善與缺陷和不足數量相等,因此相互抵消。華格納是個無法令人輕易搞明白的人。」

1868 年 7 月,華格納在慕尼黑上演了詩劇《音樂協會》。在這出壯麗通俗的詩劇當中,充斥著雄辯、娛樂、勞動和愛以及被自我美化了的藝術和音樂,德意志大眾和作戰英雄成為了主角。

當時的北德意志正處於上升時期,因此具有自我膨脹的需要,而這出詩劇中洋溢著自信和熱忱,因此華格納受到了熱烈的歡迎,他得到了前所未有的榮譽,進入了不朽的偉人殿堂。

尼采也聽了《音樂協會》,劇中不可思議的美讓他震撼:「一個人要想走近華格納,那麼整個人就必須有點熱情才行。在聽他

的音樂時，我試圖保持冷靜，可是我的一切努力卻都只是徒勞。他的音樂如此強大以至於讓我體內的每根神經都在震顫。」

尼采的心被這種奇特的藝術牢牢地抓住了，他希望與自己的朋友們來共享這新的熱情，他向他們講述了自己對華格納的印象：「在昨晚的音樂會上，《音樂協會》的序曲給我帶來了持久的震撼，我好久都沒有這樣的感覺了。」

此時，華格納的妹妹布羅克豪斯夫人正好住在萊比錫。她的朋友們說她和她的哥哥在特質上極為相似。尼采被這位夫人吸引了，想要接近她。

一個晚上，尼采回到家後，發現了一封信，這封信是一張便條，指明要他親自開啟，信上寫的是：「如果你想見到理查‧華格納，請在 15 時 15 分去劇場咖啡廳 —— 溫德西。」

尼采立即出門去找溫德西，後來，溫德西告訴他，華格納現在正隱居在萊比錫的妹妹家裡，這個消息極為隱祕，甚至連新聞界對他的到來也一無所知。

華格納的妹妹布羅克豪斯夫人只向哥哥推薦了一位客人 —— 里奇爾夫人。當里奇爾夫人去做客時，華格納演奏了自己《音樂協會》中的抒情曲，這位優秀的女士告訴華格納，「在我的學生尼采的影響下，我對這出音樂已經非常熟悉了。」

華格納對里奇爾夫人的話既驕傲又驚訝，於是他急切地想要私自會見尼采。他們決定在星期五晚上邀請尼采。但是很遺憾，由於職務、工作和其他的限制，尼采無法在那天前往，因此尼采建議他們將會見時間改在星期天下午。

巧遇華格納先生

在接下來的幾天中，尼采非常激動：「在我新加入的這個社交圈內，肯定有著某些類似傳奇的東西圍繞在這位難以接近的英雄周圍。我將要出席的是這樣一個重大的場合，對此我十分重視，因此我要好好地修飾一下。」

湊巧的是，尼采的裁縫答應在星期天給他送過來一件新做好的黑色燕尾服，真是萬事順利啊！

星期天那天，天氣惡劣，雨雪交加，一般人都不會想出門。但下午的聚會讓尼采萬分感動。裁縫卻並沒有把衣服送來，於是尼采自己去了裁縫店。一跨進店門，便看到裁縫的夥計正在縫製他的衣服，而他們再次保證一定會在 3 個小時之內就把衣服送到。

尼采離開了裁縫店，在回家的路上，他買了份《風言風語》，報紙上的一條新聞說華格納正在瑞士，政府正在為他建一所漂亮的房子。尼采感到好笑，因為他知道自己馬上就可以見到被國王稱為「偉大的德國作曲家」的華格納了。

回到了家裡，裁縫卻依然沒有到來。尼采坐了下來，開始愜意地讀著一篇研究歐多西亞的論文。傍晚時，他聽到了那道關閉了的古舊的鐵格柵被敲擊的聲音……

裁縫給尼采帶來了新的燕尾服，尼采試了衣服，覺得非常合身。他向這位巧手藝人表達了自己的感謝，可是裁縫卻要尼采當即將報酬付給他。尼采正處在經濟窘迫的時候，只好提出了過後再付給他錢。裁縫見尼采並不付錢，便又拿著衣服離開了，只留下尷尬的尼采一個人。他突然想起了自己的另外一件黑色禮服，

在尼采眼裡，這件衣服似乎無法被穿著「合適地去見理查」，但最後他還是把那件衣服穿上了。

此時門外還下著傾盆大雨。尼采沖進了這黑漆漆的雨夜，雖然連件像樣的燕尾服也沒有，但這並不妨礙他情緒的激動。

當尼采走進布羅克豪斯家舒適的客廳時，客廳裡坐著幾個他們家的近親。他們將尼采介紹給了華格納，尼采對他表達了敬意。華格納對尼采成為了他的音樂的忠實信徒這一件事非常感興趣，一邊不厭其詳地問整件事的情況，一邊謙虛地高聲詛咒自己創作的所有作品。

他滔滔不絕地嘲笑了絃樂隊的指揮們，他認為那幫傢伙總覺得自己很懂音樂，老是作出忠告：「如果你們願意的話，先生們，再多一點熱情。來吧，情緒再飽滿一些，朋友們！」

那晚的歡樂深深地印在了尼采的心裡，以至於很久都無法恢復原有的平靜。在晚飯之前，華格納親自演奏了《音樂協會》中的所有主題音樂，並自己模仿了全部的聲音。

華格納說話時思路異常敏捷，表述生動活潑，他那充沛的感情和幽默可以打動所有人。其間，尼采還花了很長時間和他聊了叔本華，華格納也說：「叔本華是所有哲學家中唯一可以理解到音樂精髓的人，我所有的成就都要歸功於他。」

尼采聽了高興萬分。

在談論了哲學之後，華格納又朗讀了他正在寫的回憶錄中的片段。回憶錄中所寫的是他在萊比錫的學生時代，那個場景十分有趣，他思路的敏捷、語言的幽默，簡直令人驚異。

巧遇華格納先生

　　尼采準備告辭時，華格納熱情地同他握手，並非常友好地邀請尼采下次再去跟他暢談音樂和哲學。並委託尼采向他的妹妹和雙親講解他的音樂，這是一個讓尼采十分滿意的任務，他相信自己會滿腔熱忱地去完成任務。

　　尼采內心受到這個天才的強烈衝擊，而震撼的感覺則一直都在他的心裡沒有消失。他詳細地研讀了以前被他忽略了的華格納的作品，並認真思考了其藝術作品裡所表達的理念，華格納採用了一種方法，可以把詩歌、造型藝術以及和聲的分散美融於一體。

　　透過華格納的理想，尼采看到了德國精神復興的方向，從此，他那敏感的心靈也開始朝著那個方向奔馳。

擔任巴塞爾大學教授

1868 年的一天，里奇爾對尼采說：「我有一個讓你大吃一驚的消息，你願意成為巴塞爾大學的教授嗎？」

這個消息確實讓尼采感到極為驚訝，因為那時他才 24 歲，資歷尚淺，甚至還沒有獲得畢業文憑。

里奇爾解釋道：「威廉，巴塞爾大學向我寄來一封信，在信中他們詢問發表在《萊茵博物館》上那篇出色論文的作者弗里德里希‧尼采先生是個什麼樣的人，他是否能夠勝任大學語言學課程教授的職務？我在回信中向他們解釋，弗里德里希‧尼采先生非常年輕，但他確實已經具備了去做任何他自己選擇的工作的能力，他是一個極富天分的年輕人。從目前的情況看，巴塞爾大學對你很滿意，應該很快就會發來聘書。」

對於這個消息，尼采一方面感到驕傲；另一方面他又十分難過，因為這就意味著他最後一年自由的時光即將消失了，而他為最後一年制訂的學習計劃、廣泛閱讀和旅行的設想也都通通泡湯了。但是，他又怎麼能夠拒絕這樣一個令人倍感榮幸的建議呢？

里奇爾見尼采有著種種的疑慮，因此他必須要先打消尼采內心的疑慮。他一直真心誠意地喜歡著他這個天才學生，他怕尼采迷失在自己過多過好的天性之下，興趣廣泛卻浪費了天賦。因此他不斷地向尼采重複著同樣的告誡：要強大自身就必須約束自身。

擔任巴塞爾大學教授

尼采理解老師的苦心，所以作了讓步。他立即寫信給歐文：「不要再想我們的巴黎之行了！我肯定要去巴塞爾大學任語言學教授，因此我不能去了。我這個人興趣廣泛，從今以後，我必須得學會放棄。去到巴塞爾，我會多麼孤獨啊，我沒有朋友，沒有一個人能跟我在思想上產生共鳴。」

考慮到尼采一直以來的優異表現和眼下特殊的情況，萊比錫大學同意他不用經過考試就畢業。

之後，尼采回到了瑙姆堡，幾個星期都跟家人們在一起。對於這個結果，全家都倍感歡樂和驕傲：尼采如此年輕就已經獲得了大學教授的職位！

可是尼采總是不耐煩地駁斥她們：「這有什麼大不了的？只是世界上又多了一個教書匠而已。」

4月13日，尼采給格斯道夫寫信說道：

> 這是我在家裡度過的最後的假期，最後一個夜晚。明天一早我就要離開家庭，去投身於這個大世界了。從此之後，我要開始承擔責任和義務，我全新的職業生涯即將在沉悶的氣氛中開始。
>
> 永別了，我那自由自在、無拘無束的黃金時代，那時的每分每秒都純屬於我一個人。藝術和世界就只是純粹的圖景，只存在於我的精神之中。你還記得那首憂傷的學生之歌吧，是的，現在我已經和歌詞裡所說的一樣，變成了一個庸人。
>
> 要想得到回報就必須要付出。但是必須要明白，束縛自己的東西是阻止你前進的鐵鏈還是幫助你向上的繩索。面對生活中的未知環節，我仍然有勇氣去打破它，我願意冒著各種墮落的危險去嘗試危險的生活。

宙斯和繆斯垂青於我，讓我有機會與眾不同，免去流於平庸的命運。我無法想像出自己成為我所不齒的人的場景。我更害怕自己落入成為職業動物的庸俗之中，但只要投入於工作當中，墮落是一件很自然的事情。

我相信這種感覺完全能夠毀掉我心中那哲學感的根基。儘管如此，相比大多數哲學家而言，我相信自己能夠更為平靜地面對這種危險，因為我心中有著哲學家所特有的嚴肅。

我絕不允許自己可恥地背叛自己的思想。我的願望很簡單：我想用這種新鮮血液使我的科學研究重煥青春，並向我的聽眾宣講叔本華的真誠，讓這位高尚的思想家的前額煥發出異彩。這樣的期望很大膽，因為我所要做的不僅僅是老師。

我一直在對我們這個時代老師的職責進行思考，我急切地關心著我們的下一代，這使我十分嚮往老師這個職業。我們無法逃避人生，因此我們必須忍受然後竭盡全力地去利用它。當我們解脫之日，我們至少還能夠告訴別人我們生命中的價值。

尼采到巴塞爾大學履職了，他搬進了自己選定的住所，認識並拜訪了同事們。

到巴塞爾後，他給自己的恩師寫信說：「我的學生時代對我來說是什麼？是一種縱橫於語言學和藝術領域的自由自在的漫遊；因而此時此刻我對您的感激之情異常強烈，直至現在您仍然是我生活中的『命運之神』；我由此認識到您的幫助是多麼的必要和及時，正是這種幫助使我從一個徬徨者變為一個恆星，並且迫使我去一再品嘗那種繁瑣而有規律的工作，那種確實不變的研究對象的樂趣。」

53

擔任巴塞爾大學教授

對於以後的教授職業，尼采給自己規定的任務是：「以這種新鮮的血液使我的科學研究富於生氣；把叔本華哲學的誠摯告訴我的聽眾，正是這種誠摯使這位崇高的思想家的額頭煥發異彩——這是我心中的渴念，也是我大膽的希望：作為一個教師，我要比一個有聲譽的學者做得更多些！」

尼采是這樣想的，也是這樣做的。做學問，教書育人，與自己做人行事立信念，這些合起來應該是一回事情。不過此時他還料想不到，在認真實踐自己的想法時，他將會遭受到長期的煉獄般的苦難。

但是這一切並不能抹去華格納在他腦海中留下的影子。

當到巴塞爾三個星期後，尼采和一些朋友們去四郡湖遠足。華格納的隱居處特里伯森正在這條河邊。一天早晨，尼采離開了朋友們，一個人徒步在河邊。

華格納的住處在湖中，那個深入到了湖中的小岬上坐落著一座寧靜的別墅和花園，即使站在遠處，都能看見莊園裡那高高的白楊，華格納的住所掩映在了樹木之中，此時大門緊閉著。

尼采站在外面按響了門鈴。

在等待開門的過程中，尼采環顧四周並認真傾聽，一陣和聲傳了過來，隨即一陣腳步聲也傳了過來。很快，一個僕人走出來打開了大門，尼采將自己的名片遞給了他，僕人走了回去。接著尼采又聽到了相同的和聲，這和聲哀而不傷，在院子裡迴環往復著。

主人停止了演奏，但又開始了他的練習，忽高忽低的調子從莊園裡飄了出來，直至再一次變調，重新又回到了原先的和聲。

僕人再一次從屋子中走了出來,他說:「華格納先生想知道來訪者是否是他那天晚上在萊比錫見到的那個尼采先生。」

尼采說:「是的,我就是。」

僕人接著說:「那麼尼采先生不介意午餐時再來吧?」

尼采考慮到自己的朋友們還等著他,於是不得不拒絕了這一提議。

僕人再一次離開了,等到他再來時,他帶回了華格納的一條口信:「那麼尼采先生是否願意在聖靈降臨節的那個星期在特里伯森度過?」

尼采欣然接受了。

在華格納一生最鼎盛的時期,尼采開始與他進行交往。這個偉人離群索居,遠離公眾場合、記者、大眾,獨自一個人生活。他剛剛與李斯特的女兒結婚,她是個令人豔羨的女子,她繼承了父親和母親的天賦。

華格納此時正在隱居中完成他的作品:這部作品極其宏大,由連續 4 幕的龐大歌劇組成。

此時,華格納已經完成的作品有《萊茵的黃金》、《女武神》,而《齊格飛》也在創作中,並已經接近完稿了。在這部偉大的作品中,他慢慢找到了大師的感覺,因為他能夠主宰自己的作品並且把整個作品視為一體。

但是華格納卻並不是完全地快樂,他的歡樂中混雜著不安和憤怒,他不是那種得到社會菁英褒獎就會沾沾自喜的人。他是個博愛的人,他為人類的所有夢想感動著,同時他也希望自己的作品能夠觀照到所有的人。

擔任巴塞爾大學教授

　　他總是期待德意志人民能夠跟上他的腳步，他在自己的書中高聲呼喚：「幫助我，你們已經漸漸有了力量，但是不要因為你們逐漸地強大而忽略了那些曾是你們精神導師的人們：路德、康德、席勒和貝多芬。我是這些大師的繼承人，請你們助我一臂之力，給我一個可以讓我自由表達的舞臺！我需要願意傾聽並且理解我的聽眾，去做那樣的聽眾吧！」

　　那天，尼采第一次走進了華格納的家門，他舉止溫和，眼神熾烈深沉，雖然他說話緊張，但他的臉上留著長鬚，滿是青春的模樣。

　　而此時 59 歲的華格納老當益壯、精力充沛、容光煥發，充滿直覺、經驗、願望和期待。華格納在會談中重複了他作品裡的思想，並且滿懷希望地對尼采說：「年輕人，你也必須幫助我。」

　　那晚氣氛融洽，兩人之間相談甚歡。等到尼采告辭離開時，華格納決定陪伴他沿著河畔散步。

　　他們一起出了門，尼采感到異常興奮。他終於實現了長期以來的希望，他一直想找到一個人去熱愛、去崇拜、去傾聽，最後，這個配做他老師的人終於來到了他的身邊。

　　尼采徹頭徹尾地拜倒在了華格納的腳下，他決定全身心地服務於這個孤獨而又富於靈感的人，他說：「我願意為了您去與麻木的群眾戰鬥，甚至是和德國的學院、教堂、議會和宮廷戰鬥。」

　　華格納感到非常開心。他從一開始就認識到了這個年輕的來訪者的天賦異稟。在交談的過程中，他不僅僅是給予了尼采非凡的思想，他甚至還能夠從尼采那裡得到回饋，幾乎沒有人能夠給予他這種樂趣。

5 月 22 日，尼采第一次到特里伯森拜訪華格納的 8 天以後，華格納的幾個關係很近的朋友從德國來到了特里伯森，他們是來慶祝他們老師的 60 歲大壽的。

　　尼采同樣受到了邀請，但由於這時他正在準備自己在巴塞爾大學的首次演講，因此他不得不拒絕了這份盛情。

　　此時的尼采急切地想把他業已形成的教育觀念表達出來，為此，他選擇了荷馬的風格問題作為自己在講學期間的研究課題，這個課題的內容是分析古代學者和喜愛荷馬作品的藝術家之間的分歧。

　　而尼采的觀點是，藝術家的判斷具有一定的客觀性，學者必須要接受藝術家的判斷來對這場分歧進行解決。學者們大量引用了歷史成果，他們透過考證的方法試圖恢復這兩部史詩，使得現在流傳的文本盡可能地接近原來的內容，但這樣的考證不可能解決什麼問題。

　　不管怎樣，現在流傳的《伊利亞德》和《奧德賽》已經很清楚了，如果歌德選擇這樣說：「這兩部史詩是同一個詩人的作品。」那麼學者們也無話可說。

　　尼采在就職演說結束時說：

　　僅僅在幾年前，這些絕妙的希臘傑作還被埋在一大堆偏見裡面，正是這些學者們孜孜的勞動拯救了它們，為我們保留下了一筆寶貴的財富。語言學既非繆斯也非美惠三女神，他們既沒有創造這個誘人的世界，也沒有譜寫不朽的音樂。但是他們保存了這些藝術，我們必須感謝他們，是他們讓這些被人們遺忘、幾乎不可辨識的音調再次在人們的耳邊響起，這是一個偉大的事業。

擔任巴塞爾大學教授

正如從前繆斯降臨在那些愚民中間一樣，如今這些使者獨自走進
了這個苦難深重的世界，並且透過艱辛的努力喚醒了沉睡中的諸
神，讓我們看到他們那美麗光輝的形象，並向我們描繪了一個神
奇遙遠、幸福安康的蔚藍色家園，以此來安慰我們的靈魂……

巴塞爾的中產階級們十分讚賞尼采的演講，聽眾大批湧來，
聆聽這個聲名遠播的年輕天才教授的演講。這樣轟動的成功令尼
采陶醉了，他的思想甚至傳播到了另外一片奇異、遙遠的蔚藍色
土地 —— 特里伯森。

與華格納親密交往

1869 年 6 月 4 日，尼采收到了一張華格納的便條：「請來我家待上兩天吧！我們想知道你究竟是怎樣做到的，我還從未在我的德國同胞那裡獲得過這般的歡欣。趕緊過來拯救我仍然不肯放棄的永久信仰吧！我和歌德一樣把這信仰稱作是德國自由裡面的信仰。」

尼采正好有兩天時間的空閒，而且從此以後他就成了這位大師家裡的常客。

他寫信對朋友們說道：「華格納符合我們的所有想像：他具有一顆富有、偉大、高尚的靈魂，他個性強烈，富有魅力，熱愛一切知識，他的人品值得所有人對他給予愛戴……不要被那些新聞記者和音樂評論者們所寫的關於華格納的任何評論所騙，沒有人理解他的思想，沒有人有資格評判他，因為他不是以這個世界為基礎而生存並且獲取成就的，反過來，世界會迷失在他的藝術氛圍裡。華格納被理想主義、人道主義深深支配著，以至於我覺得自己是在跟一位神打交道。」

巴伐利亞國王路易二世曾經邀請華格納寫過一篇短文，但最終這篇獨特的論文被視作是蠱惑年輕浪漫的國王而被官員們禁止出版，華格納讓這篇文章在親朋好友間流傳開來。

華格納也將它給了尼采，尼采回家之後十分專注地閱讀了這篇文章。這篇文章深深地影響了尼采。

與華格納親密交往

1848 年，華格納是個社會主義者，在他看來，自己的錯誤並不是他曾經擁護人人平等的思想，他的內心渴望美與秩序，如果渴望優越，那麼一個人就不可能接受平等的思想。但是華格納卻希望人性能夠從較低級的奴役狀態中獲得自由，並且可以在上升後輕易地理解藝術的高度。而現在華格納認識到他在這一點上犯錯了。

華格納承認群眾的力量，但卻認為他們付出的熱情是徒勞的，而他們的合作也是心口不一的。他曾經相信群眾能夠推動文化的進步，如今卻發現他們甚至都不能夠齊心協力地保持已有的文化。他們心中所牽掛的只是那些世俗的、基本的、暫時的需要。

華格納認為，管理社會可以用與此相同的技藝。想要保證社會得以延續，就必須要利用這種幻覺，而統治者的任務就是要保持和擴大現有的幻覺。愛國主義是這其中最基本的，可以保證一個國家的長治久安，但卻不足以保證這個國家能夠產生高度的文化。它割裂人性，導致殘忍、仇恨和狹隘的思想。它控制著國家君王的權力。

因此，在愛國主義的第一幻覺之外，第二重幻覺，即宗教幻覺，也是必需的，其教義象徵著博愛和廣泛聯合。君王必須要保持這種幻覺在其臣民中的維持。

普通人被這種雙重幻覺洗腦之後，就會產生一種自己的人生道路變得清楚，獲得拯救的感覺，從而過上一種幸福和值得過的生活。但同時君王和貴族的生活則比較沉重和危險，因為他們是幻覺的源頭，因此他們也必須去評判幻覺。生活對他們來說毫無遮掩而言，他們將人生看得清楚並明白人生是怎樣一出悲劇。

華格納在給路易二世的信中這樣寫道：「在我看來，藝術是溫和的希望之鄉，我要將它獻給我最親愛的朋友們。假如藝術不能真正完全地帶領我們擺脫平庸的日常生活，那麼它至少也要把我們提高到生活本身的制高點。它賦予生活輕鬆的狀態，它使我們放鬆身心，脫離苦海，讓我們在迷醉中得到了安慰。」

　　1869 年 8 月 4 日，尼采給格斯道夫寫信說道：「昨天我讀了《國家與宗教論》，這是華格納交給我的一份手稿。這篇宏文大論的中心是向他的『年輕朋友』——巴伐利亞的年輕國王解釋他對國家和宗教的獨具一格的理解。華格納應該是空前的，因為從來沒有一個人用如此可敬和更富於哲學味的口吻對自己的國王說話。我感到自己被振奮了，這種振奮源自他心中流露出的叔本華精神。和其他人相比，國王更應當理解生命的悲劇本質。」

　　9 月分，尼采在德國小住後，重新回到了巴塞爾，他依然重複著巴塞爾和特里伯森兩地的生活。

　　在巴塞爾，他全心全意地工作，學生全神貫注地聽他講課，同事們也和他相處得很友好。他的才智、音樂天賦、與華格納的友誼、優雅的外表和舉止為他贏得了某種聲望，這裡的上流階層都樂意跟他交往。但在他的心裡，最單純的友誼要比社交的所有樂趣都有意思得多。尼采沒有朋友，只有在特里伯森他才能真正感受到內心的滿足。

　　尼采給居住在羅馬的歐文寫信說道：「我的神殿就是特里伯森，那裡就像是我的家一般讓我感到愜意。」

　　尼采一直憧憬的這種生活——與幾個朋友一起，過著獨立於

與華格納親密交往

世、隔絕於世的生活，類似宗教修行，耽於沉思 —— 作為一種
理想，一直沒有放棄過。只要一有可能，他就試圖再次構建這樣
一個精神王國。到了最後，實在沒有別人了，他就一個人孤獨地
實踐自己的計劃，雖九死一生而不悔！

從特里伯森回到巴塞爾後，尼采倍感孤獨憂傷。這種情緒在
寫給歐文的信中表現得十分明顯，但同時尼采也表達了自己對工
作仍然抱有希望：

> 「我發現幾乎沒有什麼事能讓我感到稱心，我一遍遍地品嚐著孤獨
> 的味道。人們總是需要別人的推動，而幾乎每個人都會在各個地
> 方被引領。但是當我們充滿了靈感之時，卻沒有人在那裡幫助我
> 們，在將靈感付諸現實的艱難時刻，沒有一個人可以助我們一臂
> 之力。這是陰沉的時刻，我們只能將那沉重的還未成形的思想放
> 在不為人知的地方，而它卻得不到友誼陽光的照耀。我正在成為
> 藝術愛好者中的孤獨漫步者，我的友誼有著某種病態的東西。」

在給里奇爾的信中，尼采這樣寫道：「對我而言，我的學生
時代是什麼？是在語言學和藝術天空中的暢遊。因此我對你懷
著異常強烈的感激之情，現在你仍然是我生活中無法邁過的『命
運』。你的幫助非常及時和有用，能夠得到自己同行神聖的幫
助，一個人的付出就會具有與眾不同的含義，他可以享受安寧的
睡眠而在醒來之後，明確地知道每日工作中所需的知識。這個領
域不存在庸俗和無聊，我感覺像是正在收集著散亂的知識，並將
其最終編訂成冊。」

尼采編訂成冊的書即是《悲劇的誕生》，尼采在信中闡述的
一些觀念即是該書裡的主要思想。他認為：「只有擁有敏銳的觀

察力，才能成為真正的歷史學家，才能把整個歷史視作一個整體來加以考察。」

尼采還在筆記裡這樣寫道，「語言學方面所有的巨大進展，源自獨具創造性的觀察的結果。」

最後，尼采認為從觀察中發現了他的老師華格納的精神。華格納希望復興悲劇，他將劇院當作重新喚醒了人類心靈詩意的工具。帶著「悲劇性」天性的希臘人也有著相似的雄心大志，他們希望透過對神話的復興來吸引人注意，達到再次提升和拔高他們的民族的目的。

尼采在給格斯道夫的信中說道：「我們的世界正日趨猶太化，大眾沉湎於政治和喋喋不休之中，因此他們不能容忍華格納富於理想主義的深刻藝術，在大眾中間，華格納就像騎士一樣，他與他們格格不入。」

尼采向華格納表達了他在巴塞爾新生的觀念：

我們必須復興希臘文化的思想。我們一直都在老生常談，但這些被我們經常談論的東西卻都是虛假的。蘇格拉底的精明，柏拉圖的甜美已經衰退。

我們應當去研究那些更為久遠的年代，如西元前 7 世紀、西元前 6 世紀。只有這樣，我們才能感受到歷史質樸的力量和原始的活力。從幼年時期的《荷馬史詩》到成年時期的埃斯庫羅斯的劇作，古希臘在長期的探索之後終於獲得了它自己的直覺和紀律。

當時的他們和今天的我們一樣，相信自然力中宿命的存在，他們也同樣相信人類必須要規範自己的德行並創造信仰。他們感受到了悲劇情感，但這種悲觀主義卻並不會讓他們失掉面對生活的勇氣……

與華格納親密交往

　　華格納覺得這個年輕人的想法很有意思，與尼采的友誼也越來越密切。

　　一天，尼采正和華格納在一起時，華格納接到了來自德國的消息，由於背離了華格納的建議和指導，《萊茵的黃金》和《女武神》都演砸了。這重大的失敗強烈地打擊了華格納，雖然他早就知道自己的作品不可能為一般的觀眾所接受，但最終的失敗還是使華格納萬分痛苦。

　　華格納那高貴的痛苦感動了尼采，他加入到了老師的創作工作。那時，華格納正忙著為《眾神的黃昏》譜曲。他不緊不慢地進行著，靈感好像是從看不見的源泉裡有規律地湧動出來的一樣。

　　就在這些天裡，華格納還為自己寫了一部自傳，他將這部自傳的手稿交給尼采，並且囑託尼采將這份手稿祕密付印 12 本。

　　同時，華格納甚至還向尼采提出了更為親密的請求：聖誕節要到了，他要為孩子們準備一齣木偶戲《龐奇和朱迪》。華格納夫人請求尼采在巴塞爾幫他們購買一些製作精美的魔鬼和天使的小塑像，以備演劇的需要。她和藹地說：「在我心裡你不是個教授、學者和語言學家，你只是個 25 歲的小夥子。」

　　尼采接受了請求之後，把巴塞爾的各種小塑像都挑剔地觀察了一遍，他對巴塞爾市場上的小塑像都感到不滿意，因此他寫信到巴黎訂購了最可怕的魔鬼和最美麗的天使。

　　聖誕節時，尼采受邀觀看了《龐奇和朱迪》，他與華格納及他們全家一起度過了聖誕節，當時的氣氛親近而又甜蜜。

9 月分左右，尼采寫信給格斯道夫：「這個冬天，我將作兩場演講，演講的內容是古希臘悲劇的審美藝術，華格納專程從特里伯森過來聽講。」

　　尼采在演講中描述了一個不為人知的古希臘，他透過酒神戴歐尼修斯的苦惱及其被引進詩、歌、悲劇沉思的陶醉作為開端，解構了一個被戴歐尼修斯的神祕和狂迷所煩惱的古希臘。他似乎想定義古希臘精神中那永恆的浪漫主義，在他眼裡，這種精神從西元前 6 世紀的古希臘傳承到了西元 13 世紀的歐洲，從未改變過。

　　在尼采的第二個講座裡，他考察了希臘悲劇藝術的終結。在時間的過程中，古希臘的其他藝術都緩慢而又突兀地消亡了下去，只有悲劇沒有衰退的跡象。奇怪的是，在索福克勒斯之後，它就像是經歷了一場災難一般突然消失了。尼采詳細講述並分析了這場災難，指出整件事的罪魁禍首就是蘇格拉底。

　　尼采大膽地指責了蘇格拉底這個在眾人心中最受尊敬的人。

　　尼采聲稱：「這個貧窮的雅典人對古代詩歌發出嘲笑並且抑制了古代詩歌。」

　　蘇格拉底既不像一個藝術家那樣著書立書，也不像哲學家一般發表意見。他只是坐在公共場合，給過往行人講解他那有趣的邏輯，用自己的理論震驚了他們，說服他們去面對自己的無知和荒唐，並對他們報以嘲笑，強迫他們來嘲笑自己。

　　蘇格拉底蠱惑了柏拉圖，並借年輕的柏拉圖之口，將大自然的幻覺當作是一種人類理智可以理解的觀念強加給了普通人，當

與華格納親密交往

時希臘人完全處在幻覺之中，他們安居樂業，對自己的生活感到十分滿意。

尼采將這些篇章寫進了他的作品《悲劇的誕生》。

尼采對蘇格拉底的公然指責讓巴塞爾所有的聽眾都感到震驚。華格納在知道這件事後，在 1870 年 9 月寫了一封熱情洋溢卻又極其敏銳的信給尼采：

> 就我而言，我要大聲地讚揚你的行為，好極了！你已經找到了真理，並用極其準確的語言切中了要害。在這些作品裡，你要面對的對手是普遍流行的教條主義謬誤。但是我依然對你有些擔心，希望你不要一敗塗地。
>
> 我還要給你一個建議，不要將你驚世駭俗的思想放在你那篇幅短小的小冊子中，人們一定不能接受這些思想。你一定得把這些思想整理出來，用一部規模較大的著作來論述。到那個時候，你會最恰如其分地為我們描述蘇格拉底和柏拉圖那神聖的謬誤。
>
> 這是兩個奇妙的創造者，因此我們在堅決否認他們的時候也必須要帶著敬慕之情！這些本質對於世人來說難以理解，當我們考慮這些時，我們平庸的言辭就會膨脹成為讚歌！
>
> 而當我們平靜下來進行思考時，我們可以看清自己的本身，心中產生我們能夠且應當寫出一部甚至超越那些大師們的作品的強烈而又清楚的想法。

此時，尼采已經在準備作品的創作，他計劃在短時間裡將其寫出來。2 月，在寫給歐文的信中他這樣說：「我和科學、藝術、哲學的距離越來越近，以至於我覺得自己創作出來的作品是一個半人半馬的怪物。」

然而教授的各種工作打斷了他的創作。3 月，尼采被正式授予教授職稱，他為這個榮譽感到高興，並全身心地投入到了工作當中。

與此同時，學校還委派他開設了一門高年級的修辭學課，接著他又接受了一份寫演講稿的任務，這篇演講稿是為了祝賀弗裡堡大學的鮑姆布拉赫教授執教 50 週年，並且要用拉丁文起草。尼采一心致力於備課和演講稿的寫作。

而 4 月到來的時候，尼采的工作任務更重了。里奇爾創辦了一份名為《萊比錫社會語言學論壇》的雜誌，他強烈地希望自己的得意門生能為雜誌寫一篇論文。

尼采接受了老師要求撰稿的請求，並請求歐文與他一起合作：「就我自己而言，我對自己這份新的任務有著強烈的責任感。雖然這項工作會讓我在時間分配上窮於應付，但我仍然會全力以赴。這是創刊號，我們必須齊心協力。你很清楚，讀者總是會懷著好奇或者惡意去閱讀它，所以它必須要做得十分優秀。我已向我的老師承諾要真誠地貢獻自己的一份力量，現在我期待著你的答覆。」

很快，5 月和 6 月接踵而至。在此期間，尼采的事務非常繁忙，尤其是論壇的事情。聖靈降臨節期間，歐文從義大利回到了德國，回家途中在巴塞爾進行了停留。這件事讓尼采極為興奮，他想將自己的朋友介紹給華格納，並將歐文帶到了特里伯森。

接著，羅德離開了巴塞爾，繼續自己回家的旅途，尼采獨自一人留在了巴塞爾。此時過度的勞累拖垮了尼采的身體，他被迫放下工作，躺倒休息了。

在戰爭中沉思生命意義

1870 年，普法戰爭爆發，開始時戰爭的傳聞似乎並沒有引起尼采的興趣。他的唯一一種因為大眾輿論而產生的不安被他記錄了下來：「不要戰爭，否則政府會因此而變得過於強大。」

這個想法是尼采和華格納在特里伯森談話之後所達成的共識。

在路易二世統治著的巴伐利亞地區，尤其是德意志南部、萊茵河地區，華格納聲名遠播，受人歡迎；然而在德意志北部，尤其是在柏林，人們卻並不欣賞他，所以華格納不希望有任何戰爭危機，「那必將會導致德意北政權普魯士的權威進一步增加」。

7 月 14 日，康復中的尼采躺在長椅上給歐文寫信。他談起華格納和漢斯・馮・布婁，談起藝術和友誼之間的種種問題：

> 這個消息簡直就是晴天霹靂，普魯士和法國公開宣戰了，戰爭像魔鬼一樣降臨，我們的文化早已變得庸俗無聊，戰爭又能給我帶來什麼呢？
> 如今，戰爭來臨，我們所有的抱負都意味著什麼？也許這意味著走向終結，天啊，這是多麼陰沉的景象啊！大量修道院必將被修建，而我們將放棄自己的信仰成為第一批修士。

尼采在信末寫上了「忠誠的瑞士人」的署名。在獲得巴塞爾大學的教授資格的同時，尼采不得不放棄了自己的國籍。尼采在這個名字中宣告了自己那超脫的心態：他已經決定去做一個沉思者了。

尼采因瑞士人的國籍而免除了兵役，於是他和妹妹伊麗莎白便一起安靜地住進了一個山中客店裡。

在那裡，他寫下了一些論述古希臘抒情性的文章。在文章中他第一次明確對戴歐尼修斯和阿波羅精神下了定義。

也就是在此時，普魯士軍隊正在穿過萊茵河並且首戰告捷，尼采面對這個消息並沒能保持絕對的平靜，一想到這次自己沒有為這份豐功偉績去盡一分力，一想到自己幽居在山中遠離戰爭的威脅，尼采便心生愧疚。

7月20日，尼采給里奇爾夫人寫了信，在信中他傾瀉了占據自己內心的孤獨之情：「很不幸，歷史總是在相似的軌跡中前行，我們看到同一種文化傳統被諸如此類的民族戰爭的災難所摧毀。我對我自己的碌碌無為感到慚愧，我在砲兵團裡所學的東西在這個時候正派得上用場，而我也已經為一場激烈的戰鬥做好了準備，以防戰勢出現逆轉。你知道嗎，基爾的學生全都踴躍地報名參軍了。」

8月7日早晨，尼采從報上讀到從沃爾特發出的電訊：普魯士戰捷，傷亡慘重。尼采再也坐不住了，他離開隱居地，返回了巴塞爾。在徵得瑞士當局的同意以後，他參加了戰地醫療隊，並前往普魯士參與戰地治療。

尼采穿過了占領地阿爾薩斯，看到了維桑堡和沃爾特的停屍房。8月29日，他露宿在離斯特拉斯堡不遠的地方，那裡的戰火照亮了漆黑的夜晚。接著他開始向南邊的鄉間進發，此時普魯士在那裡設了一家巨大的野戰醫院，來自馬斯拉圖爾、格拉沃洛

在戰爭中沉思生命意義

特、聖·普里瓦特的傷員都會聚於此，由於人數眾多，很多傷員都難以得到及時的護理，只得等著死於傷痛和傳染病。

負責人將一些傷員分給了尼采護理，他認真地工作著。他在工作中感受到了一種獨特的情感，他對這種救死扶傷的工作產生了神聖的感覺。

這是尼采有生以來第一次不帶反感地去看待這些普通的大眾。這眾多的人，有的被擊倒了，有的正等待著衝向戰場。尼采敬重這些英勇的戰士，他細心地照顧他們，關注著他們的命運。在戰爭的威脅下，這些人的心中都帶有捐軀的神聖情感。他們忘掉了自己，衝鋒、唱歌、服從上司、戰死。

尼采因無法上陣殺敵而導致的痛苦得到了補償，他從這些人的身上找到了兄弟般的情誼，這種感情衝動使他熱情高漲。

尼采很快便穿過了法蘭西。他奉命護送傷員前往爾斯魯醫院。為了躲避車外的寒冷和陰雨，他和另外 11 個人一起被鎖在了一輛貨車裡，他們在裡面待了整整三天三夜。這些傷員中，兩名傷員得了白喉，剩下的人都患了痢疾。

尼采在車上次憶起了他非常喜歡的一個德意志的神祕主義者的格言：「要到達真理必須要先走最險峻的路途。」

在這趟艱難的旅途中，尼采為傷員們包紮傷口，聆聽他們對生活的抱怨和對戰爭的呼籲。

在此期間，他堅持自己的思考。他意識到，在經歷戰爭之前，自己腦子裡面只有書，而現在他卻懂得了生活。他在細細品味著這種痛苦的磨練，從中發現了某種遙遠的美。他寫道：「我

也有自己的願望，多虧了他們，我才能夠繼續自己的思考，現在我處於極端恐怖的環境之中，和那些傷員們躺在貨車上的日子，夜晚很寂寞，我就在這寂寞的夜中探究著悲劇的深淵 —— 幻想、意志、苦惱。」

尼采帶著疾病和傷員到了卡爾斯魯，他被傳染上了痢疾和白喉。野戰醫院一名同事對他進行了精心的護理。等到病情一好轉，尼采就立即回到了在瑙姆堡的家。他回家並不是要休息，而是要全身心地投入到工作和思考當中。

尼采給正在法蘭西作戰的格斯道夫寫信說道：「是啊，戰火改變了我們共同持有的對事物的觀念。我和你一樣，有了上戰場的經歷。在此期間，我堅定了自己的原則，我將保留它們，直至我死去，我目前的問題是身體康復狀況不佳。曾經的生活氣氛已經被戰爭帶走，我能聽到到處都是無盡的哀悼聲。」

薩多瓦戰役讓尼采了解了戰爭，他從中親歷了戰爭的魅力。尼采被心中湧出的簡單素樸、偉大崇高的願望所深深吸引，因為他從中感覺到自己與民族之間那深深的聯繫。他牢牢地抓住了內心這種突發的感情，並將它培養壯大起來：「我感受到了一種愛國之情，對我而言，這是一種全新的感覺。」

尼采不再是從前那個不諳世事的「忠誠的瑞士人」，轉而成為了大眾的一員，他為自己的國家而感到驕傲。這場戰爭改變了他，他對戰爭懷有著無限的崇敬：「戰爭喚醒了人們沉睡已久的生命力，讓他們的靈魂從睡夢中醒了過來。它迫使人們在理想的秩序中去尋找一種美和責任的秩序，迫使他們去尋找一種新的結

在戰爭中沉思生命意義

局。和平時期那些遭人誤解的抒情詩人和智者，在戰爭年代卻受到了大家的歡迎，人們意識到自己需要他們。在戰爭的壓力之下，人性得到了鍛造，成為了真正勇敢和崇高的人性。」

尼采此時正飽受著病痛之苦，但他卻重新拿起了筆。他在筆記上記下了自己的新思想：「古希臘的藝術是在鬥爭中鍛造出來的，它反映了一個社會的情況。無論是奴隸們工作的工場，還是自由人持槍弄劍的健身房和廣場，只有兩者相結合才能成就摩得斯島的女神那展翅翱翔的形象，這些勇敢的人們也只能在悲劇中吸取戰鬥所需的勇氣。」

尼采在他的筆記裡，「悲劇的」這個詞語不斷出現，彷彿是尼采思維的原點，此時他就像一個試圖學會新詞的小孩，他不斷在讓自己重複著這個詞語 —— 「悲劇的希臘人征服了波斯人，從至高的創造力和理解力層面來看，悲劇人物就是大自然本身，他在耍弄悲哀。」

悲劇的藝術作品 —— 悲劇人 —— 悲劇國家這三個層次也構成了尼采作品中的三個基本部分，他想以《悲劇人物》作為此書的總標題。

歷盡艱難出版處女作

1871年2月，尼采一直都沒有從戰爭的磨難中恢復過來，睡眠也不再聽從他的召喚了。他神經方面的控制力開始徹底崩潰，而且這種失調呈現出了急性症狀，劇烈的神經痛、失眠、眼病、胃病、黃疸整整折磨了他5個月。尼采把伊麗莎白叫了回來，接著便起程去了盧加諾。

當時，旅遊者只能乘車越過聖歌達德山脈，尼采的旅伴馬志尼健談幽默，極不尋常，兩人相處得十分融洽。馬志尼引用了一句格言：「棄絕中道，堅定地活在整體、全部和美之中。」

愉快的旅行對尼采的健康是很有幫助的，到達盧加諾時，他已完全康復了。尼采依然溫和而又年輕，變得容光煥發，快樂的熱情也被再次燃起來了。

一位普魯士軍官與尼采住在同一家旅館內，他將自己作品的手稿寄給尼采看，並常常向尼采談起德意志帝國的命運賦予貴族戰士們的使命。同時，戰爭結束了，歡樂的人群從焦慮中解脫了出來，沉浸在喜悅之中，尼采加入了他們共同歡慶。

尼采給歐文寫信說，他常常為一種沉重憂鬱的情緒所困擾，靈感使他一天比一天更加深入哲學領域，但他無從知道命運將會把他引向何方。他每一次反省自身，都會發現自己處於一種最和諧的狀態之中，一些紛亂的想法紛至沓來，在他搞不清楚真相之前，這些想法是無法安頓的，這令他處於精神上的失眠狀態。

歷盡艱難出版處女作

4 月 10 日，尼采回到了巴塞爾，他重新整理了筆記，把文章主題限制到了古代悲劇當中，這也是華格納的希望。尼采似乎被太多的念頭所纏繞著，他已經開始在美學、歷史和政治之間信步徜徉，他需要限制自己，華格納在這一點上幫助了他。這是尼采所完成的唯一一本真正的學術著作。

尼采打算對古希臘人抒情精神的起源進行分析，他用彼此鬥爭的希臘方式，展示了兩個衝突的德國，一個是民主主義者和專家學者的德國；另一個是戰士和詩人的德國，人們必須在這兩者之間作出抉擇。

當和平條約在法蘭克福簽署時，在內心深處建立了和平的尼采也完成了他的初稿，在他看來，他內心的衝突和外界的民族革命具有同等的重量。

但法蘭克福和約並沒有終止所有的紛爭，法國開始內戰。尼采聽到羅浮宮被燒的消息時，心情非常沮喪，那些最美的作品都遭到了毀壞，尼采所有的恐懼都得到了證明。他寫道：「沒有等級秩序，文化就不能夠繼續存在，只有奴隸制才能給社會力量，社會才能以優雅、仁慈和美作為回報。」

文化是沒有國界的。羅浮宮不僅屬於法國，也屬於世界。尼采對於法國文化真正具有大家氣度，從不以狹隘的民族主義角度有任何偏見。在這一方面，他可以說是一個絕對的世界主義者。

就尼采自己而言，可以說兼具歐洲大陸這兩大文化之長。德國人多思辨，法國人多文采，尼采既具思辨的深度，又兼有文采的華美。也許正如他自己所說，他不是一個純粹的德國人，他具

有斯拉夫血統，而波蘭人是斯拉夫民族中最接近法蘭西的人種。

這時，尼采突然想起了布克哈特，並且十分想見他，他去了布克哈特的家，但是布克哈特卻已經出門了。尼采就像是一個走投無路的人，徘徊在路上。最後回到家時，他卻發現布克哈特正在書房裡等他。

這兩個人長久地待在一起，隔壁的伊麗莎白透過關閉的房門聽到了他們的啜泣聲。

尼采在給格斯道夫的信中說道：「要是我們帶著平和的自負來看待一場反文化戰爭的爆發，要是我們僅僅把這種錯誤歸咎於那些做出這些行為的不幸者，那我們就錯了，當我看到最優秀的藝術作品竟然毀於一旦，生活便在我面前呈現出一片荒誕。」

尼采恢復了原來的生活方式，他每星期都要去華格納家中做客。他察覺到，自德國勝利以來，太多的陌生人擁了進來，打擾了自己原本喜愛的寧靜，但華格納卻和所有的人都慷慨陳詞，滔滔不絕，他認為現在是著手喚醒德國人的最佳時機。

尼采懷著不安的熱情加入了討論，他孤單的靈魂時而為這個圈子所困擾，時而為之震驚。華格納非但不感到痛苦，反而非常振奮，尼采驚訝之餘便是失望，他再也找不到心目中的英雄了。

因為《悲劇的誕生》找不到一個出版商，尼采的努力落空了，他感到這是痛苦的折磨。

10月初的時候，尼采待在萊比錫，在那裡，他見到了自己的老師里奇爾和歐文、格斯道夫，他們一起度過了愉快的幾天。但書的命運還是無法被確定，尼采那些神話式的保證不能滿足書商

歷盡艱難出版處女作

的胃口，最後，他不得不寫信聯繫了華格納的出版商，最終得到了滿意的答覆。

《悲劇的誕生》即將出版，尼采思想的力量一直都受到朋友和老師的承認，他從沒有懷疑過這本書會被閱讀、理解和讚賞。但尼采從未想到過，公眾對此卻是無情冷淡的。

尼采為了對公眾產生深刻影響，想出了作演講。演講作為更為鮮活的武器，是他夢寐以求的。

12月，尼采在巴塞爾宣布，在 1872 年 1 月，他將作一個名為《我們教育機構的未來》的系列講座。12月中旬，尼采陪華格納去了曼海姆，那裡正在舉行為期兩天的華格納音樂會。

之後，尼采回到了巴塞爾的住所，對所有不能夠轉換為音樂的一切都感到厭惡，對現實感到恐怖，在這種情感的壓力下，曾經盤踞在他心頭的那些問題獲得了更為清楚的認識，去教育人意味著要按照一種品質去塑造他們的精神，即天才之作應當得到保證，至少應當得到所有人的敬重。

跟往年一樣，華格納邀請尼采去特里伯森過聖誕節，但是他卻謝絕了，他把自己大部分的時間都花在了準備演講上，他把其創作的《聖希爾維斯特節之夜狂想曲》恭恭敬敬地奉獻給了華格納，並希望能夠得到他的評價。

1871 年的最後一天，尼采的作品《起源於音樂精神的悲劇的誕生》出版了。尼采把第一冊書贈給了華格納，並立即從他那裡收到了一封道賀信：「我還從未讀到過一本比你寫得更為出色的書，這真是棒極了，我急切地給你寫信，因為我被這本書深深地打動了。」

1872 年 1 月 10 日，華格納又寫信說：「你剛剛出版了一本無與倫比的書，它迥異的地方便在於深刻的個性，它是帶著完全的自信表現自身的。」

　　1 月 16 日，尼采作了第一次演講，他的歡樂和安全感達到了極致，他知道這本書受到了來自華格納、歐文、格斯道夫和歐維貝克的稱讚，因此絲毫都沒有耽擱，便開始了構想他的第二步工作，希望可以發表自己的演講稿，使之成為一本由《悲劇的誕生》轉化而來的通俗讀物。

　　當時德國正準備在一塊被士兵征服的土地上興建新的斯特拉斯堡大學，這激怒了尼采，他質問：「我們的士兵已經征服了法國士兵，但我們的文化已經使法國文化丟臉了嗎？誰能這樣說？」

　　幾天過去了，除了幾個理解這本書的朋友之外，再也沒有人閱讀和購買這本書，更沒有一份評論和報紙注意到這本書。連里奇爾也沒有發表意見，尼采寫信希望得到他的評價，而他的回信則是嚴厲的批評和指責，歐文給《文學中心》投了一篇評論，卻沒有被錄用。

　　尼采寫信給格斯道夫說：「除了惡意和蠢話，不要再指望什麼。但是，正像以前我給你說的，我想在這種亂世中建立起我的思想，並讓它流芳百世，我有這樣的自信，因為在這本書中首次提到了一些從前被人忽略掉的永恆真理，即使經過了歲月的洗禮，它們也會發出光芒。」

　　尼采顯然沒有對失敗做好心理準備，因此他感到不安而又震驚。他患上了咽喉炎，這使得他的演講被迫中斷了。

歷盡艱難出版處女作

尼采一直都任由那些高尚、微妙，甚至連他自己也都覺得費解的思想在引導自己。尼采重又回到了他的貴族政治理想，他希望建立兩種學校，一種是面向大眾人的職業學校；另一種是菁英學校，這種學校面向那些經過精心挑選的優秀人才，他們的課程會一直延續到 30 歲。

不過，要想把這個理想付諸實施則需要足夠的力量，還需要能夠和他產生共鳴的聽眾。而這本書的失敗則影響了他實踐的進程。

尼采在這段時間的筆記受到了其狀態的影響，因此它們呈現出一種零散混亂的狀態：

> 目前國家控制著科學，因此掌權的貴族就必須要保持清醒並且控制其內心的完全自由。
> 其後，人們將不得不築起新文化的講臺，接下來便是摧毀學院和大學，建立起審判精神的最高法院。
> 未來的文化針對社會問題的理想。美和崇高之必要世界，對社會主義的必要防衛。

尼采最終還是勇敢地放棄了自己的希望，他早已失去了自己的國家，因此他沉默了。在普魯士，抒情不可能得到歡迎，而德意志帝國也永遠不可能成為那個「美和崇高之必要世界」。

4 月 30 日，新的斯特拉斯堡大學落成了，對此尼采寫信給歐文說：「在這裡，我聽到群眾的心花怒放，他們的口裡滿是愛國主義的論調。」

這時，尼采產生了離開巴塞爾，到義大利去待上兩三年的想法：「我那本書的第一篇書評終於出爐了，我覺得這篇文章寫得

很精彩。但是我要把它發表在哪兒？是一份義大利刊物《歐洲評論》！這件事情既令人高興又富於象徵意義。」

還有一件事讓尼采感到憂鬱：華格納將離開特里伯森，準備舉家遷到拜洛特。華格納夫人給尼采寫來一封信，告訴了他離別的消息：「我們將前往拜洛特！別了，親愛的特里伯森 ── 《悲劇的誕生》的構思地 ── 以及那些令人難忘永不再來的事情！」

尼采趕到了華格納家，此時在他眼前的是滿目的荒涼：剩下的不多幾件家具被布蓋著，散落在各個房間，彷彿是幾個世紀前的老古董。所有精緻的小玩意兒、小擺設都不見了。窗戶沒有了簾子，陽光強烈而又粗野地直射了進來。華格納和妻子正在做最後的裝包工作，將剩下的幾本書扔進最後的籃子裡。

對於尼采，華格納夫婦表示了歡迎，並請求他能夠給予幫助，尼采立即答應了這個請求。他把華格納的信件、珍貴的手稿都捆進了包裹裡，接著又去捆剩下的書籍和樂譜。在做這些事時，尼采突然感到沮喪，失去了勇氣。

在特里伯森的一切都結束了，這裡已經失去了價值！他曾在這裡待了 3 年，那曾經是出乎意料、激動人心、美妙有趣的 3 年，而就在這短短的一天中，這些美好的時刻就將全部逝去。現在他必須離開這位他追隨至今的老師，忘掉特里伯森的工作。從今以後，為了將來，他只能想著拜洛特。

「特里伯森的時光如此美好，在這裡只有安靜和沉思、充滿工作和靜默的時光，同時這裡還有一對傑出的夫婦和一群可愛的孩子，他可以和他們在這裡進行無休止的愉快交談 ── 所有這一

切都是特里伯森所賜予的。那麼在拜洛特，他會得到什麼呢？眾人會前去那裡拜訪華格納，他們會隨身帶去什麼呢？」

　　想到這裡，尼采便停止了整理，他離開那堆自己正在捆紮的書籍。客廳的中央還是那架豪華的鋼琴，他打開了琴蓋，彈了一段序曲，接著便開始即興演奏。

　　華格納和夫人都停下了手裡的活，認真傾聽著尼采的彈奏。一支憂鬱難忘的狂想曲從房間中傳了出來，在空蕩蕩的客廳裡縈繞迴蕩。尼采將這首曲子作為了獻給華格納夫婦的離別曲。

對華格納產生質疑

1872 年 4 月，華格納夫婦離開特里伯森舉家遷居到拜洛特。

拜洛特有著傳奇的歷史，長期以來，這個小城在德國默默無聞，但在 18 世紀，它閃爍出的搖曳的智慧之光，使它最終蜚聲於整個歐洲。眾多文人墨客都居住於此。

華格納依然保留著自己建造劇院的夢想，他想把自己的劇院建立在一個安靜幽僻的城市，而拜洛特正符合他的要求。華格納劇院的創辦工作也立即便開始了，華格納決定在他的生日 —— 5 月 22 日舉行隆重的劇院奠基石落成典禮。

對此，尼采寫信對歐文說道：「這實在是太好了，這樣一來，我們又可以再見了。這個時候的重聚將比任何時候的都更加壯觀、更有意義，不是嗎？」

華格納和尼采一同出席了這個典禮。典禮上聚集了 2,000 名群眾，那天天氣不好，但是連綿不絕的雨和烏雲密布的天空為這場典禮增添了壯觀之感。

華格納那些忠實的信徒們站在露天，聽憑風吹雨打，觀看奠基石的落成。在埋入土裡的石塊上，華格納刻上了一首自己的詩，接著覆上了第一鍬土……

當晚，華格納邀請出席典禮的朋友們聽了一場交響樂演奏，演奏中加入了合唱，而他自己也對其中管絃樂的某些片段做了潤色，他親自擔任了指揮。德國青年們聚集在總督劇院，懷著虔誠的心傾聽了這場音樂會。

對華格納產生質疑

尼采希望為華格納而戰，但是他已經意識到，自己的天性並不適宜投身到這場以公眾輿論為賭注的戰鬥中，在這場戰鬥中，最需要的態度便是保持沉默。

尼采早在特里伯森時就已經感受到了一種矛盾和壓抑。對於華格納，尼采深感不安，現在的華格納讓他感到陌生，在他眼前的不是他曾經深愛的嚴肅而又純粹的英雄，而是一個強悍的工人，身上帶著野蠻、懷恨、妒忌的缺點。

尼采曾計劃和孟德爾頌的一個親戚一起去義大利旅行，但是為了遷就華格納痛恨孟德爾頌這個家庭和這個姓氏，他被迫打消了這個念頭。

尼采在日記中寫道：「為什麼華格納活得如此多疑，這會讓人對他產生不信任感。華格納天生就是個多疑而且專斷的人。他已經沒有在特里伯森那種高貴自由的態度了，也不會像曾經一樣與人從容不迫地交談。他發出簡短的指令，用命令的語氣對人們說話。」

尼采計劃著去德國北部，在那裡去講、去寫、去創辦聯盟，「把德國學究那鼠目寸光的眼睛無法看到的東西推到他們面前」。

但華格納拒絕了這個建議，他希望尼采發表一篇講稿，而且一定要用《我們教育機構的未來》這個題目。

尼采察覺到華格納的這種希望多少有些自私，因此他拒絕了。性格暴躁的華格納為此生氣地叫道：「我們高傲的尼采先生僅僅只想做他願意做的事情。」

華格納的憤怒讓尼采感到悲哀，他從未想過自己的老師是這

樣的人。他想：「又是生病，又是工作的重壓，總是用這樣的理由來解釋！難道我就沒有被尊重的權利？難道我就沒有自由，事實上都得聽從別人的指揮？為什麼華格納如此專制而又不講理？」

正在這時，一本名為《未來的語言學，對弗里德里希·尼采的一個回答》的小冊子問世，小冊子的作者是尼采在普爾塔學校的同學威拉莫維茨。

格斯道夫告訴了尼采這個消息，而尼采在回信中說道：「不用為我擔心，對於這種事，我早就做好了心理準備。我永遠不會讓自己陷於論爭的漩渦之中。但這件事唯一的遺憾便是，作者是我的同學。你知道嗎，去年秋天，他還友好地來巴塞爾拜訪過我。」

實際上，這本小冊子是針對華格納的，它模仿了華格納那句出名的套話「未來的音樂」，並對其進行了諷刺。

面對挑戰，華格納對此作出了反擊，並借這個機會再次邀請尼采發表他的講演：「一個人應當對我們的文化界懷著何種感覺？應該由你來告訴我們德國文化應當是什麼，這樣才能引導這個新生的民族朝著至高無上的境界前進。」

對於華格納的要求，尼采再次堅定地表達了自己的決心：「不論是它們的表達形式還是其中不確定的思想，都令我對這個講稿一點都不滿意。我不想發表任何使我的良心蒙受汙染的東西。」

尼采打算用另一種方式表達自己對華格納的信念，他開始寫作《一個希望者的話》，但很快就放棄了。

對華格納產生質疑

不久之後，尼采重又翻開了擱置已久的古希臘著作，此時由於他作品的原因，許多年輕的語言學家都將他排斥在了學術界之外，因此此時的尼采只有幾個學生。但這並不影響他繼續教書育人的事業，他給自己很少的幾個學生解釋了《埃斯庫羅斯的獻祭者》和柏拉圖哲學中的一些章節。

此時，華格納的朋友們常常將華格納的名句掛在嘴邊，對此，尼采始終都保持著質疑。在拜洛特的演奏會上，華格納的《成千上萬的人互相擁抱》這首合唱曲被演唱了，但是唱歌的人們沒有像歌詞中一樣互相擁抱。

尼采覺得這句話裡具有誇張和虛假，古希臘那些野心勃勃的邪惡者，並不總是擁抱，連他們用來表達感情的讚美詩裡也從來都沒有提到過擁抱。在他們的心中，超過別人才是第一位的，他們的情感被妒忌填滿了。

但是尼采欣賞他們質樸的力量和精準的言辭，他寫下了一篇名為〈荷馬式的戰鬥〉的短文。

文章一開始，尼采已經開始遠離華格納的神祕主義了：

> 當你談到人性的時候，頭腦中就會出現一種情感的等級，人們透過這個將自己與自然界區分開來，但是自然與人類之間並不存在隔閡。因為「自然的」素養和「人性的」特質是共同成長、渾然一體的。懷著崇高理想的人類永遠無法擺脫邪惡的自然。
> 人類的熱情、行動和作品都是從這些非人性的可怕傾向中生長出來的。
> 古希臘人是這些人中最富有人性的，他們保持著殘酷和樂於毀壞的心。

這篇文章一氣呵成，只花了尼采幾天的時間。

緊接著，尼采就開始了一項持久的工作。他開始研究泰勒斯、畢達哥拉斯、赫拉克利特和恩培多克勒的著作。他試圖去解讀這些真正哲學家的心靈。這樣的研究只持續了幾天時間，尼采就在一本筆記本上寫滿了自己的思考。

7月，《崔斯坦》在慕尼黑上演。尼采欣然赴約，同時還同華格納的其他許多信徒見了面。在這裡他見到了格斯道夫，以及在拜洛特的5月音樂節上認識的弗羅琳‧馮‧梅森伯格。

梅森伯格大尼采很多，已經有50歲了，但是她的身上卻保持著一種長久的溫柔魅力，同時由於嬌弱和神經質，她還有著優雅的體態。

在這幾天的時光中，尼采和他的新朋舊友們都深感愉快。因此到臨別的時候，三個人都對離別感到遺憾，他們向彼此表達了盡快再見的希望。格斯道夫表示了自己願意8月再次前來聽《崔斯坦》，尼采也再次保證要來這裡。

但是到了8月的時候，格斯道夫卻因故不能參加，尼采也沒有勇氣一人重返慕尼黑。尼采寫信告訴梅森伯格：「當你發現自己站在一種嚴肅而又深刻的藝術前，卻無法和它完成精神的交流，這樣的面面相覷是讓我無法忍受的。我還是不要去慕尼黑，繼續待在巴塞爾吧！」

這時，尼采正在思考巴門尼德的思想，這項有趣的研究彌補了他沒有聽《崔斯坦》的遺憾。

梅森伯格將華格納的新聞都告訴了尼采：他剛剛寫出《眾神的黃昏》一劇，完成了他四聯劇的最後一部。梅森伯格還向尼采

對華格納產生質疑

透露，為了實現修建神廟的目標，她正在盡力說服義大利女王瑪格麗特作為支持者的領頭人。她叫上了自己的幾個來自上流社會的朋友，並經李斯特介紹全部都加入了華格納崇拜者的行列。現在這是一個高尚的聯盟。

在尼采看來，梅森伯格所做的一切都帶著一種令人不快的、趨炎附勢的氣氛和過度的宗教情感，但是她的動機卻無可指責，她品性高雅、純潔，並以其純潔淨化了她周圍所有的一切。

尼采沒有批評梅森伯格的信。但連續工作就使尼采的身體垮了下來，他無法入眠，只得停下工作進行休息。

旅行是尼采放鬆心情的好方式，在夏天即將結束時，他出發前往了義大利。他來到貝加莫，卻沒有走得更遠。

而此時，梅森伯格正在佛羅倫斯，她告訴尼采：「沐浴於其中是很不錯的。」尼采在貝加莫不想加入當地的群眾，成為阿波羅的崇拜者。在這裡他看到的情景千篇一律，奢侈逸樂、過度舒適。他的德國趣味實在無法忍受這裡的風氣，於是他回到山間，在施普呂根一個低劣的鄉村旅店裡度過了愉快的幾天。

在施普呂根，尼采發現自己可以呼吸著山間的空氣孤獨地沉思，這讓尼采感到很快樂，這種新發現的樂趣就像是一道閃電般稍縱即逝。

不久之後，尼采就離開了隱居之地，帶著無憂無慮的心情重返了巴塞爾，回到自己的教學工作當中。

巴塞爾是尼采建立了友誼和生活方式的城市，因此他深深地喜歡著它，也用寬容的心在看待這裡的居民。

巴塞爾成為了尼采生活的中心。他寫信告訴歐文：

歐維貝克和羅門特是我在思想和生活上的知己，是這個世界上最好的朋友。有了他們在，哀傷和憤怒都將不會對我產生影響。歐維貝克的嚴肅和大度在哲學家中極為少見，他純真可親，具有激進的勇氣。而這幾點，是我和人交朋友所必不可少的因素。

為了哲學奮起論戰

1872 年 9 月，尼采回到了巴塞爾。但是，他所有的學生都離他而去了，德國的語言學家們集體排斥他，宣布他在科學研究上的死亡。他們對他進行人身攻擊，並禁止他上講臺。

歐文寫了一篇書評捍衛尼采的作品，可是所有刊物都拒絕接受這篇文章。歐文對這些拒絕感到不滿，於是便修改了文章，將原文改成理查·華格納的一封信，並以這種形式發表了。

尼采對歐文的行為表示感激，並說道：「任何人都拒絕看到刊登我的名字。就好像我是個罪人一般。而現在，你的文章終於問世了，它是多麼有力而又勇敢啊，是我們團結奮戰的見證啊！我的朋友們都為此而感到高興。我們一定要保持勇敢的信念，我一直對我們向前的道路深懷著信念。我深信，我們將一如既往地忠誠於我們的抱負，提高我們的力量。我堅信，當我們成功的時候，我們將尋找到更遠的目標，更加意氣風發地面對未來。那些目送我們前進的觀眾寥寥無幾，但這並不會影響我們前進的步伐，但是如果這些人具有批判的資格，那麼僅僅是這幾個觀眾就已經足夠了。」

12 月初，尼采再次見到了華格納，雖然兩人在一起的時間只有幾個小時，但他們卻相處得很親密。這短暫的時光讓尼采回憶起在特里伯森的愉快時光。

華格納在一封信中談到這次相聚時表達了這樣的願望：這種美好的時光足以消除兩人之間的所有誤會，防止他們再度發生爭

執。1872 年最後的幾個月裡,尼采拚命地工作著,他對古希臘悲劇哲學的研究進展順利,他詳細地將成果記錄了下來留待以後著書用。那些了解他性情的人將平靜還給了尼采,而尼采也很好地利用了這種方便,在這段時間裡,他再次對自己所處時代的很多問題進行了思考並分析了這些行為:

> ……我們忽視了對印度文化研究中哲學的研究。而在古典文學研究中,面對其中的每一件事,我們都缺乏對其與實際努力關係的質疑精神。
> 我們無法沉浸下來感受自然科學。我們不會像歌德那樣感受到那種和善寧靜的氛圍。我們缺乏對歷史學的熱情。總之,所有科學都無法被運用到實際生活中。所謂的研究者並不具備真正的修養。他們只是將科學看作自己謀生的手段罷了。

但是,尼采無法求解,因此心煩意亂,他所質詢的正是他自己的生活中所要解決的問題。他最終明白自己永遠都不會成為一個音樂家,而且也不能成為一個詩人,他早已放棄了成為這兩種人的希望,他缺乏想像力,也沒有能力給予一齣戲劇以生命。

因此,尼采在一個晚上看清了:自己注定只能成為一個哲學家,而且還只能算是業餘哲學家、一個不完美的抒情藝術家。他問自己:「既然我唯一的武器只是一個哲學家的思想,那麼我能做什麼呢?」

接著,尼采回答了自己的問題:「我只能去盡力做得更好。蘇格拉底並沒有創造出可以讓謬論禁錮在對話者靈魂中的真理,他的目標只是要成為思想的推動者。他不是一個稱職的思想創造者,但卻是一個卓有成就的批評家。」

為了哲學奮起論戰

尼采對這種力量的價值和界限作出了明確的闡釋：「這將是我個人的任務。我要研究同時代人的魂質，並透過權威告訴他們：你們無法在科學和宗教中獲得拯救，去找藝術和藝術家吧！未來的哲學家，必將擁有對審美文化的最高審判權，也必將有權對所有離題的枝節進行裁決。」

聖誕節到來之際，尼采回到瑙姆堡過聖誕節。華格納捎信邀請他在回巴塞爾的途中前往拜洛特。當時的尼采工作繁忙，並且身體還有所不適，更重要的是，尼采本能地感覺到此時保持孤獨的狀態對他目前的沉思更為有利，因此他婉言謝絕了華格納的邀請。

此外，尼采還匿名捐助了一筆錢給宣傳機構。保持匿名符合他當時低調的生活方式，他甚至想在巴塞爾建立一個追隨華格納的愛好者同盟。

尼采所做的這一切都表明了他對華格納絕對的忠誠，因此當他得知，華格納對他的缺席感到極為不滿時，他大吃了一驚。

華格納夫人在給尼采的信中這樣寫道：「我們知道，你留在巴塞爾是為了布克哈特。」

尼采回信對這件事作了解釋，但是在解釋這件事的時候，尼采依然感到心痛。

在寫給知道這件事的朋友的信中，尼采說道：「這件事已經平息了，可我還是不能徹底放下。華格納知道我生病的事情，我現在沉浸於工作，需要一些自由。但自此之後，不管是自願還是被迫，我都會陷入更深的焦慮之中。我都不知道自己已經傷害過

他多少次了，這些事每次都讓我感到很震驚，而且更要命的是，我根本不知道我們之間為什麼會發生這種衝突。」

這椿麻煩事沒有影響到尼采的思考。在他全集第十卷中的筆記當中，尼采透露了自己思想的最細微處：「我是精神的探險者，我在自己的思潮中漫遊，只要思想召喚我，我會隨時待命。」

1873 年年初，尼采的思想漫遊最為大膽。他完成了論文〈論超道德觀念中的真實和謬誤〉，這篇文章在眾多文章中顯得十分冷靜並且出色。他十分看重詩人建造的幻想世界，在他看來，這個幻想世界遠比真實世界重要。

席勒曾經這樣說：「要敢欺騙自己，敢夢想。」尼采採納了這一建議。尼采肯定，現代人的傾向是要打倒生命，肯定真實！為什麼人們會產生這種盲信呢？因為它顛覆了人類更為明智的信條 —— 打倒真實，肯定生命。

尼采在自己的思考中記下了這些教條主義的程序，但他在此基礎上繼續前進著。

1873 年 5 月初，尼采準備好了所有的筆記，但是當一切就緒，工作剛要開始的時候，他突然感覺筋疲力盡，劇烈的頭痛在折磨著他，眼睛不能忍受任何光線的刺激，病痛使得尼采不得不放棄了自己想要做的工作。

短短幾天之內，尼采幾乎成了一個殘廢和瞎子。他的朋友歐維貝克和羅門特都在盡力地幫助他。但是他們兩個都有自己的工作，因此不能時常照顧尼采。

為了哲學奮起論戰

此時，格斯道夫正在義大利旅行，他有足夠的時間。得知尼采生病的消息後，格斯道夫急匆匆趕到了巴塞爾。羅門特的一個朋友，保羅·雷也來為尼采解悶。

多虧了這些朋友的善意幫助，尼采才有了和病痛抗爭的勇氣。他總是在昏暗的屋子裡，躺在床上對格斯道夫進行口述，格斯道夫將他所說的都記了下來。

到了 6 月底，這本書的手稿就被送到了出版商那裡。

作品完成的時候，尼采的病情已經有所好轉。他急切地嚮往著戶外的新鮮空氣。伊麗莎白從瑙姆堡趕了過來，將他帶到了格里松山地。經過休養之後，尼采的頭痛逐漸開始減輕，視力也開始恢復了。

在山地進行休養的幾個星期裡，尼采完成了樣稿的校對，稿件的進展和山地的環境讓尼采享受著那重新恢復的力量，但同時憤怒和抱負也縈繞著他。

一天，尼采和妹妹一起去了弗利姆郊區，散步到了一個偏僻的小城堡邊。尼采說：「這裡是一個多麼美麗宜人的隱居地啊，如果把我們的世俗修道院建立在這裡，那將會是多麼的美麗啊！」

伊麗莎白答道：「城堡正好待售，我們可以進去參觀一下。」

他們走了進去，對這裡感到十分滿意：花園、視野極為寬廣的平臺、帶雕石壁爐架的大廳。房間不多，但是在尼采看來，這裡卻根本就不需要這麼多房間。

這間可以給華格納，那一間留給老師的夫人科西瑪·華格

納，剩下的另外一間則可以給拜訪的朋友們使用，他們可以經常住在那間房間裡。

尼采計劃：「在這裡，我們可以建一條走廊，有了這條走廊，我們就不會受天氣影響，可以邊散步邊交談。因為我們不用寫作，只需要少量的閱讀，但是我們卻不能缺少交談。」

尼采再次回到了自己熟悉的夢境，在這裡，弟子和老師就像是兄弟一般。伊麗莎白對哥哥的設想也感到很興奮：「你需要一個女管家，我是不是人選？」

伊麗莎白長得太年輕了，所以園丁們都以為他們是在開玩笑。

當尼采康復後回到了巴塞爾時，他的那本小冊子已經激起了大量的討論。

華格納寫道：「我讀了好幾遍，諸神在上，你絕對是我的知己，是唯一理解我的需要的人。」

而漢斯・馮・布婁寫道：「你的小冊子簡直是晴天霹靂，簡直就是當代的伏爾泰，這種東西對我而言是比惡匪還遠為可惡的魔鬼。」

而其他大多數上了年紀的評論家，都對這位年輕的辯論家予以了極高的評價。用尼采自己的話說，格丁根的埃瓦爾德、布魯諾・鮑威爾、卡爾・希爾德布蘭特，「這些都是最和善的德國人」，都在為尼采說話。批評家在文中寫道：「這本小冊子的出現，讓我們看到德國精神朝嚴肅的思想和理性的熱情轉向的希望。」

為了哲學奮起論戰

　　但友好的聲音卻寥寥無幾。這個民族剛剛嘗到了征服者的勝利滋味，而尼采這句話卻深深傷害了它，因此，尼采必然會收到許多侮辱和粗俗的指責，這個民族甚至給予了尼采背信棄義的罵名。

　　對於民眾的反應，尼采感到非常興奮。他說：「司湯達已經向我提出了建議，因此我將以決鬥的姿態投身於社會。」

　　就在小冊子出版後的幾個星期裡，施特勞斯就去世了。尼采認為自己的作品是殺死了這個老人的凶器，他為這件事感到痛心。

　　尼采為第一次的論戰所激勵，他期待著更加深廣的論戰。他很快就準備好了一組論文，他草擬了《不合時宜的思想》這個總標題，並希望能夠將它們發表出來。

　　第一篇論文的主題由施特勞斯提供。尼采將第二篇的題目定為〈歷史的運用與濫用〉，接下來還有另外的 20 篇文章。尼采認為，他的朋友們雖然還存在於幻想中，但都會在這件事上給予他幫助。

　　歐維貝克剛剛出版了一本名為《現代神學的基督教》的小書，在書中，他抨擊德國學究及其過於現代的傾向，他認為這種傾向對基督教的存在是一種削弱，而這也嚴重動搖了早期基督教的不可更改的嚴肅教義。尼采將歐維貝克的《基督教教義》跟自己的《D.F·施特勞斯》裝訂到了一起，並在封面上寫下了 6 行短詩：

親生兄弟雙生子，
歡歡喜喜降人世。
目的就是剷除人間惡龍。
他們擁有兩位父親，
同時還有一部作品，
哦，多麼神奇。他們的母親叫友誼。

尼采渴望看到百花爭鳴的現象出現，他這樣寫道：「越來越多習慣於英雄主義的人出現了，他們的出現和成長注定就是為了現代觀念的論爭，他們的出現，使得從前嘈雜和懶惰的文化自此而沉寂。文藝復興的重擔自此落在了這些人的身上。」

可是這件事卻沒有向尼采希望的方向發展，他的希望最終落空了。他的朋友沒能將他所希望的幫助提供給他，甚至連他自己也沒有按照計劃寫出 20 本小冊子，他最後留給後人的只有這些作品的題目和幾頁粗略的大綱。

尼采的手頭還有另外一項工作，華格納向尼采發出了一個請求，他希望尼采能夠幫他寫一封告德國人的呼籲書。尼采接受了這個任務，他開始了草擬工作。他急需歐文的幫助和建議，但歐文向來做事謹慎，因此他拒絕了。

10 月底，華格納追隨者的首腦們從各地齊聚到了拜洛特，他們邀請尼采朗讀他新寫的宣言〈告德意志人民書〉：

我們之所以要大聲疾呼，是因為現在大家都身處於危險之中，而你們卻還在保持緘默，對此漠不關心、麻木不仁，我們對你們的處境感到憂心忡忡……
我們現在滿懷著熱忱，向你們呼喊，而我們尋求和期待的利益也屬於你們，那就是德意志民族精神和名譽的拯救和榮光……

尼采在朗讀這個宣言時，語氣裏挾著威脅並且鏗鏘有力，等到朗讀結束時，會場陷入了靜穆當中，沒有觀眾對這個演講表示贊同。尼采也陷入到了沉默之中。

最後，終於有聽眾發表了評價，他說：「這個演講太嚴肅了，

為了哲學奮起論戰

言辭不夠禮貌，必須要進行大量的修改。」一些人認為「這看起來和一封修道士的訓誡書沒有什麼分別」。

尼采沒有作任何爭辯，他默默地收回了這封訓誡式的草稿。

所有聽眾中，只有華格納一人對尼采表示了極大的熱忱，他全力支持尼采。他說：「不要著急，我們要做的就是再等。不用等多久，他們就會回來，遵從這份宣言的。」

在拜洛特，尼采只待了很短的幾天。現在的境況令人絕望，公眾們幾個月以來一直都在嘲笑這項事業，而現在他們似乎已經把這件事忘得一乾二淨了。宣傳工作被一種可怕的冷淡阻礙了。籌集資金的難度變得越來越大。諸如商業貸款、抽獎等所有計劃都被取消了。

華格納的追隨者又寄信給德國許多劇院經理，請求各劇院進行一場義演，同時把義演所得的收入用以資助拜洛特，三家劇院都回了信，但都拒絕了這個請求，剩下的則沒有回音。

尼采重新回到了巴塞爾。格斯道夫幫助他成功起草了《不合時宜的思想》中的第二篇〈歷史的運用與濫用〉。但是，尼采幾乎不再寫信，不做筆記，也沒有對未來做出新的規劃。

幫助華格納取得成功，並為取得成功獻出自己的一份力量 —— 這是尼采年輕時的願望，但是現在這兩個願望卻同時破滅了。他四處請求幫助，但卻都遭到了拒絕。他收到的答覆大多是：「你的東西過於嚴肅，太一本正經了。」

面對這種情況，尼采捫心自問：「拒絕到底是什麼意思？難道華格納的藝術不是一項神聖莊重的事業？」為此，尼采的心情開始變得憂鬱，覺得失去了尊嚴，他的自尊和夢都破滅了。

擺脫痛苦恢復活力

　　1873 年的最後幾個星期裡，尼采窩在巴塞爾的住宅裡，深居簡出。

　　1874 年的新年，尼采是在瑙姆堡度過的。在那裡，他和家人在一起，家人的陪伴讓他恢復了些許活力。他喜歡這種週年紀念日的寧靜，這種節日適合進行沉思。

　　1873 年 12 月 31 日，尼采寫信給歐文：

> 看了卡爾·希爾德布蘭特的《一個異端唯美主義者的書信》，我感到十分歡樂。這些文字是如此提神！我看得出，卡爾·希爾德布蘭特是個懂得閱讀和讚美的人，他和我們心意相通，對這個社會充滿了希望。願新一年中社會欣欣向榮，願我們的友誼地久天長！
>
> 一個人的情感毫無選擇，他要麼充滿希望，要麼懷著絕望。我已經將希望永存我心。讓我們在新的一年裡保持我們的友誼並互相幫助，直至我們走向生命的終點。

　　1874 年 1 月，尼采重新投入到了自己的工作之中。由於拜洛特出現的意想不到的不幸，尼采開始備受焦慮和懷疑的折磨，他渴望能將這些痛苦一掃而光。

　　尼采用兩行話對華格納藝術進行了歷史性的總論：「任何一種偉大的思想都因為其新穎而帶有危險性。印象從來都來自於一些孤立的現象，而這些孤立的現象從來都是為了證明自身的正當性。」

擺脫痛苦恢復活力

在確立了這一總原則之後，尼采開始探討「華格納是什麼樣的人，他的藝術意味著什麼？」這樣本質性的問題。

尼采在自己私密的筆記本中寫道：

讓我們捫心自問，這個時代將華格納的藝術當作了自己的藝術，這種所謂的藝術帶著無政府主義的色彩，它是奄奄一息的東西。它建立在邪惡、貪婪、不定型、不確定的基礎之上，它雖然披著簡樸真誠的外衣，但實際上卻是純粹的自我意識。它暴烈而又懦弱，缺乏崇高性。這種藝術只有拼湊的作用，他把亂七八糟的東西拼湊成了一個整體，這個整體依然吸引著現代德國人的靈魂。在反藝術時代裡他是肯定並支配著自身的荒唐的藝術嘗試，其作用只是以毒攻毒。

尼采的偶像消失了，其本質只是個舞臺演員。尼采對此感到憤怒和絕望，他一直都在被這個巨大的怪物所左右著。他曾將自己的青春和真誠的熱愛付給這個怪物，但最終卻落得個被欺騙的下場。

這些私人性的痛苦可以被忽略，但更為深刻的痛苦則源自尼采的受挫，因為他背叛了真理，所以他覺得丟臉。他曾經天真地以為自己是為真理而活的，而足足 4 年之後，他卻恍然大悟，他是為華格納而活。

尼采發現真理已經被自己忽視了，也許在自從他投入華格納的藝術讚美中時，他就已經與真理擦肩而過了。他一直生活在謊言之中，容忍自己迷失於幻象、和諧和語詞的魔力之中。

2 月分，〈歷史的運用與濫用〉這本小冊子出版了，尼采在這篇文章中將攻擊的矛頭直指現代人的驕傲 —— 科學和歷史，他

也在書中評論了人類最近獲得的才能，借助於這種才能，他們在內心中重新喚起了過去那些世紀裡的情感，雖然這要讓他們冒著貶低自己天性之完整並使自己的正直複雜化的危險。

來世之人：行為怪誕、精神亢奮、熱血沸騰、不屈不撓。他是書本的敵人，是藝術家。在我自己的理想王國中，我將對那自稱「有教養」的人趕盡殺絕，就像柏拉圖對詩人的驅逐：這將是我的恐怖主義。

尼采就這樣侮辱了上萬名「教授先生」，對這些人而言，歷史只是滿足他們每日吃喝的麵包。他們對尼采的懲罰就是這批人對他的憎恨與沉默。所有人都排斥尼采，沒有一個人提到他的書。

尼采的朋友們試圖為尼采的書找一些讀者。歐維貝克寫信給自己的學生兼朋友、政治作家、普魯士歷史學家特萊斯克說：「如果你看了這本書，我敢肯定，尼采的這些沉思裡有著最深刻、最嚴肅、最本能的效忠，這種效忠是獻給德國民族的。」

對於歐維貝克的話，特萊斯克沒有表示贊同：「你的巴塞爾是間閨房，德國民族的文化正在那裡備受凌辱。」

歐維貝克則回覆道：「如果你看到尼采、羅門特和我，那在你面前的就是三個好夥伴，我們的分歧對我來說簡直是一種痛苦。在德國，存在於政治人與文化人之間的誤解十分頻繁，這簡直是一種災難，也是一種如此不幸的特色。」

特萊斯克反駁歐維貝克道：「碰上了尼采這個瘋子，這對你來說是多麼的不幸！他的說法是如此地不切實際，而最後他會落

得一個強烈的喪心病狂的下場。」

尼采的朋友對尼采的書遭遇冷遇表示了憐惜，他們都賞識這本書。

歐文寫道：「這是又一個晴天霹靂，這本書所產生的影響就跟地窖裡放出的煙火一樣，沒有產生任何影響。可是我相信，終有一天，這本書會得到人們的承認，人們會看到作者的勇氣和精確。尼采正是以這種勇氣和精確提醒我們要面對我們最致命的創傷。」

歐維貝克寫道：「我們的朋友所承受的孤絕感越來越多。失去了支撐自己的樹枝，那必然會受到傷害。」

格斯道夫寫道：「對尼采來說，現在最好的辦法就是像畢達哥拉斯一樣在 5 年的時間裡不讀也不寫。一旦在這兩三年內我獲得了自己想要的自由了，我就要收回自己的產權，並將它送給我的朋友作為避難所。」

儘管這些人對尼采的命運懷著同情和關切，卻並不知道尼采的悲傷和孤獨究竟有多深，他們更不知道，甚至當尼采跟他們在一起的時候，他的心依然感到孤獨。

一場思想革命已經將尼采從這本書中拔了出來，所以這本書的失敗對他來說沒有什麼關係。他寫信給歐文說道：「至於我的書，我幾乎不敢相信它是我寫的。我已然在書中發現了自己的謬見和錯誤，由此，我面對自己的悲哀和痛苦並否定了它們。」

他對格斯道夫這樣說道：「此時此刻，許多東西在我的體內膨脹著，它們看起來十分極端並且大膽。我不知道如果要將它們傳達給我最好的朋友們，該採用何種方式。但是無論如何，我都不能以文字的方式把它們寫下來。」

一天晚上，尼采和歐維貝克單獨在一起，他們談論的話題正好是華格納的歌劇《羅恩格林》，一種突如其來的憤怒襲來，使得尼采痛斥了這部虛假的浪漫作品。

　　歐維貝克對尼采說出的話感到吃驚。從那一刻起，尼采更加小心翼翼地掩蓋著自己的真實想法，儘管在他看來，這種隱瞞是十分可恥和虛偽的。

　　1874年4月1日，尼采寫信給格斯道夫，他在信裡這樣寫道：

　　我不知道自己是否還具備永久寫作的能力。自此以後，我只尋求一點點自由和一點點真正的生活氣氛。我對成功的前景感到疑慮重重。這個目標實在是太遙遠了，即使我確實成功地達到了這一目標，生命中的大好時光也消耗在長期的艱苦鬥爭中了。這是我內心中最為真切的恐懼！而一個人完全看清楚了自己的掙扎，這是一種怎樣的不幸……

　　4月4日，尼采寫了一封信給梅森伯格，這封信仍然充斥著憂鬱：

　　你帶給我如此多的歡樂，我有生以來第一次接到別人送的鮮花，我現在才明白，這些沉默的花能用它們那無窮鮮活的色彩與我們進行交談。它們提醒我們，這個世界上的某些地方還有生活和希望存在著，光明和色彩一定會普照大地。我們是多麼容易喪失這種信念啊！我們應該對肉體上的痛苦感到慶幸，因為它們能夠轉移我們的注意力，使我們遺忘在別處遭受的磨難。這就是我的病痛哲學，它給予痛苦的靈魂希望。我將會把積壓在心中的一切都一吐為快。也許經過這種全面的懺悔，我們會感到自己獲得了解放，即使程度十分輕。

擺脫痛苦恢復活力

尼采終於開始工作了。他察覺到自己必須回到在自己最初幾年裡幫助過他的那位哲學家那裡。他想把自己第三篇「不合時宜的思想」奉獻給叔本華。他給一個朋友寫信說道：

> 如果叔本華「使你不安，給你壓力」，如果他缺乏提升你、引導你的力量，如果在他的引導下，你不能穿過外部生活的刺痛到達悲哀的卻是歡愉的內心狀態，那麼你就不能自稱已經理解了他的哲學。

他再次回到了青年時代的感覺之中。叔本華對他來說，完全是一首悅耳的歌曲，這首歌是獻給那些孤獨、勇敢的思想家的。那一刻，音樂填滿了他的內心，於是，他停下了手中寫作的工作，創作出了一支友誼的頌歌。他寫信給歐文說道：「我的歌是獻給你們所有人的。」

伊麗莎白又來到了尼采的身邊，這兩兄妹離開了巴塞爾，安頓在萊茵河瀑布附近的鄉村裡。在這裡，尼采似乎回到了童年，尋找到了孩童時的歡樂。尼采的快樂來自自己，因為他成為他自己。

他和妹妹在一起經常做的活動就是散步、交談、歡笑、憧憬和閱讀。他在讀叔本華，還有蒙田。他試圖與他們共同生活。

與此同時，尼采還閱讀了一個年輕思想家愛默生的作品，愛默生是個預言家，他最精練的語言中蘊含了純粹的情感。對於這個作家，尼采還有著深深的欣賞，因為這個人與他的理想更為一致。

早在普爾塔求學的時候，尼采就讀過愛默生的作品，愛默生的語言對於尼采來說是一個極大的安慰。1874 年春天，他重新發現了這個年輕人，於是將他推薦給了自己的朋友們。

拋棄對華格納的幻想

1874 年 6 月初，尼采完成了《作為教育家的叔本華》這本書的初稿。雖然他幾乎已經痊癒，但是他還有別的痛苦。

一天，尼采說對小說及其愛情的單調描寫感到厭惡時，有人質疑：「還有什麼感情有這種可以激發出熱情的力量？」聽到這個疑問，尼采飛快地回答：「友誼。它和愛情一樣，能創造出危機，只不過這種危機更為純淨。在友誼中，和愛情一樣的痛苦太多了，多得難以描述。」

從 1871 年 6 月起，友誼給尼采帶來了各種痛苦。

尼采一直深愛華格納，但現在他已經能夠糾正自己理智上的錯誤。他明白，華格納不是一個哲學家，也從未能擔負起歐洲教育家的責任。但不管怎樣，他在藝術上的造詣十分深厚，他的作品是一切美和歡樂的源泉。華格納能給尼采帶來歡樂，因此連尼采自己都無法容忍決裂的念頭。

就在華格納最嚴重的危機到來之際，巴伐利亞國王突然插手，承諾將會承擔必要的經濟開支，這個決定挽救了拜洛特的事業。為了這個意外之喜，尼采寫信給華格納表示祝賀，並隨信給華格納寄了一本〈歷史的運用與濫用〉。在這本小冊子中，尼采從未提及過華格納的名字，在拜洛特的人都感到震驚。

尼采對妹妹說道：「天啦，瞧瞧在他們心中我成了什麼人了。」

拋棄對華格納的幻想

早在 5 月 22 日華格納生日的時候，尼采曾寫了一封信向華格納致敬，華格納立即回信，並發出請尼采去「他的房間」裡待上幾天的邀請。尼采找了個藉口拒絕了。

幾天以後，尼采寫信給華格納。他收到了如下的回覆：

親愛的朋友，你為什麼不來看我們呢？

不要將你自己隔絕起來，否則我將不知如何幫你。

我們已經為你準備好了房間。

我剛剛收到你最近的一封信，這封信我們稍後再談。

華格納的這些努力加劇了尼采的痛苦，他更強烈地意識到他將要失去的東西的價值。尼采第二次拒絕了老師的邀請。

那封由他的信在拜洛特引起的惱怒傳到了他的耳邊。尼采寫信給一位朋友說：「我聽說人們又在拜洛特為我擔心，在他們的眼裡，我離群索居、性情惡劣，像一條病狗一樣。」

格斯道夫寫了一封信給尼采，在信中他請求並敦促尼采前往拜洛特，尼采對這種再三的堅持感到反感，拒絕了這位好朋友的提議：「華格納生性多疑，我覺得再引起他的懷疑不是一個聰明人應該做的事。另外，你還得想想，我要忙自己的工作，他們卻還不放過我的病弱之軀。事實上，任何人想要束縛我的行為都是不對的。」

然而這些反感並沒有持續很久。尼采缺乏與華格納決裂的決心。雖然他拒絕去拜洛特，但是他卻在全心全意地對待他和華格納之間的友誼，對此他表示了歉意。

快到 7 月底的時候，華格納的又一個邀請寄了過來，這讓尼

采無法克制自己的不耐煩了，於是他終於出發了。

正在這時，一個稀奇古怪的念頭在他的腦中冒了出來：「難道我這樣做僅僅只是想獲得獨立？難道我不是想糾正華格納？」

尼采抱著這種狂熱的幻想試圖去影響華格納，他想淨化他，使他純淨到足以配得上自己對他的熱愛高度。他在自己的行李箱裡塞進了一本布拉姆斯的樂譜，但華格納卻對布拉姆斯懷著妒忌，在尼采看來，這種妒忌簡直滑稽可笑。

在到達拜洛特的當晚，尼采就把樂譜拿了出來，擺在華格納鋼琴上顯眼的地方。華格納一眼就看到了它，他立即就明白了尼采的意思，然而他卻很明智，一直隱忍不發。然而，第二天，尼采又重複了這個花招。這個舉動激怒了這個偉人，他怒火中燒、高聲詛咒、大發雷霆，接著，他沖出了房間，「砰」的一聲關上了房門。

此時華格納意外地遇上了與尼采同來的妹妹，他突然對自己的行為感到了好笑，於是他便向她轉述了這則趣事：「你哥哥硬把那本樂譜放到了我的鋼琴上，這是第二次了，走進房間的第一眼看到的就是它！於是我就像一頭公牛看見了紅布一樣勃然大怒。我很清楚，尼采想要的音樂是那個人創作的，他希望我像那個人一樣。我爆發了 —— 地道地道地爆發了！」

說完這些話，華格納放聲大笑。伊麗莎白困惑地走開了，找到了尼采：「弗里德里希，你到底做什麼了？這裡怎麼了？」

尼采的回答是：「唉，伊麗莎白，華格納並不是個偉大的人……」

拋棄對華格納的幻想

華格納對自己的憤怒一笑而過，當晚，他便又和尼采重新言歸於好了。但是尼采的想法卻有所不同，當他跟華格納握手的時候，他知道自己對面前的這個人已經不再有什麼幻想了。他們之間的裂痕越來越深，這離最後的決裂已經不遠了。

尼采離開了拜洛特，8月分的時候他的身體還能勉強支撐，到了9月分情況就開始變糟了。但是不管身體的情況如何，他仍在修改《叔本華》的校樣。

尼采給梅森伯格寫信說道：「從我的書裡，我充分認識到了生活的艱難。這種磨難要遠遠比你看到的艱鉅，它更加殘酷更加嚴峻。陽光不再存在於我的生活當中，可我卻依然往前，這對我來說，就是巨大的幸福……總之，我遲早會獲得自由，而我終將會知道，我們這一代人對自由思想的容忍度到底有多少……當這些糾纏於心的否定和執拗的傾向被擺脫時，我的熱情肯定會達到另一種程度啊！」

尼采的心裡渴望擁有和行動，但他卻必須要面對一個非常乏味的工作和充滿各種非難的5年。他在一本筆記本上記下了這樣的話：「當一個人到達30歲的階段時，生活就開始變得越發艱難。我看不到可以快樂的動機……」

10月15日，正是尼采的生日，他在給羅默特的信中對自己的前半生作了總結：「人到30歲就要回首自己的建樹並自問能否勝任人生 —— 看來我是能夠的！」而立之年的尼采的工作不少：他每星期在巴塞爾大學授課7節，在大學附屬中學授課6節，同時還要準備包括古希臘文化在內的公開演講，此外還有一本接一

本的系列論著。

尼采接著寫下一部系列論著，但沒有完成。於是尼采把它放到一邊。在回瑙姆堡過聖誕節期間，尼采沒有接著寫作，而是在擺弄音樂，把自己早年創作的樂曲翻出來看，還即興創作新的樂曲。

尼采重新回到巴塞爾，現在他的工作則開始變得更加沉重。他接受了給年輕學生們講授希臘文的任務。他已經很清楚時間的價值了，對他來說，5 年的時間太長，而在大學裡的每一小時都會延遲這段時間，他對自己所度過的每一小時都感到痛苦。

秋天，尼采寫信給母親說：「我面前的工作要花掉我 50 年的時間，因此我必須要牢牢控制住時間。但現在我還要對各方面都進行一番瀏覽，這便加劇了我的工作量。聖誕節那天也許會很冷。如果我去看你，會打擾你嗎？一想到可以在你身邊，而且可以獲得 10 天的自由，我就感到高興。所以我請求母親在聖誕節給我準備一個鄉間角落，原本我應該在這個平靜的角落中度過餘生，並且在那裡寫下優美的作品。唉！」

每逢遭遇這種沮喪的時刻，那些與華格納的回憶總是會湧上尼采的心頭，他總會想起，與華格納密切交往的那些年幾乎是他目前的生命經歷中最靜謐的時期。此時，華格納的榮光開始再度煥發，公眾面對他那巨大的成功卑躬屈膝。而尼采正處在艱難的時刻，他沒有沾到老師的榮光，他在勝利的時刻靠邊站著。

最後，為了宣洩內心的感情，尼采寫了一封信給華格納。華格納回信說道：

拋棄對華格納的幻想

你的信使我們再次為你的處境而感到了深深的不安，在一生之中，我似乎未曾有過你在巴塞爾大學那樣的社交圈，圈子裡全是知識分子，可以在晚上的交談中給你帶來樂趣。然而，如果圈子裡的人全都患有疑心病，我敢肯定這種社交不會帶來太大的好處。我想，你們這些年輕人真正需要的是女人。你應當組建一個家庭，或者創作一出歌劇，這兩者的區別不大，結果可能是同樣的好或者同樣的糟糕。無論如何，我還是堅持認為，在兩者之中，結婚比較好。

你趕緊娶個富裕的女人吧！唉，為什麼格斯道夫是如此能幹呢！結婚、旅行，用美妙的印象豐富自己！再然後……你就可以創作出一幕歌劇。你的歌劇必須要負有極大的難度。你幹嘛非要做一個教書匠呢？

華格納預料到這封信的作用不大，但沒有預料到它會帶來傷害，尼采對自己的行為感到不滿，認為是自己惹出了這些溫和體貼的建議，但是他還是不能接受華格納在信中說出的話。他認為自己不應該在信裡表現出軟弱。

尼采《不合時宜的思想》第四篇〈我們其他的語言學家們〉已經開始動筆，但他很快就放棄了寫作，他聲稱自己放棄的原因是工作的繁重和身體的疲倦。

聖誕節的時候，尼采和母親一起在瑙姆堡待了 10 天，在這段時間中，他創作了四聲部的《友誼頌》。整個聖希爾維斯特節，他都是在重讀自己青年時代的作品中度過的，他沉浸在這種對過去的檢視中。

尼采正處在糟糕的環境中，他對自己的思想感到了虛弱和恐

懼。格斯道夫和科西瑪‧華格納寄來了兩封信，他們在信裡說了拜洛特的情況，而信中的暗示性的語言讓尼采感到絕望。

尼采寫信給梅森伯格說：「昨天，是新年的第一天，但我在這一天卻遭遇了恐懼，因為我清晰地看到了未來。活著是一件如此可怕而又危險的事情，那個以誠實的方式獲得死亡的人反而讓我嫉妒。以後，我要長壽。我的工作並不是能幫助我活到老的滿意的生活方式。你要理解這種決心。」

1875 年 1 月和 2 月，尼采一直都很悠閒，處在一種沮喪的狀態之中。他這樣寫道：「每兩個星期，我大約花 10 分鐘創作一曲《孤獨頌》，創作的時刻極其罕有，我要在歌中表現孤獨的可怕的美。」

3 月，格斯道夫來到了巴塞爾。他的到來鼓起了尼采的興致，他向朋友口授了一些筆記。

尼采常和歐維貝克和羅門特住在一起，這是他的生活習慣。可這時，羅門特突然對歐維貝克和尼采宣布，他將要加入教會，因此被迫離開他們。

尼采被這個消息驚得目瞪口呆，同時他感到非常憤慨。羅門特從未就這件事和他的朋友們開誠布公地談過。由於宗教信仰的壓力，羅門特已經喪失了單純美好的信念和對友誼的責任。而尼采卻相反，他對友誼一直都抱有崇高的理想。

羅門特的背叛勾起了另外一樁往事，也使尼采理解了在華格納追隨者中流傳的消息：華格納將要創作一出名為《帕西法爾》的基督教神祕劇。

拋棄對華格納的幻想

在所有的事情中，回歸基督教是最不能讓尼采忍受的事情了。在他看來，這是喪失了人生原則，這是人世間最虛弱最怯懦的事情。

尼采希望羅門特能夠回心轉意，他試圖說服他，但羅門特保持著沉默，對朋友的勸告不作任何答辯，只是堅守著自己的想法。在規定的日期裡，羅門特離開了。

4月，羅門特離開巴塞爾去德國就任牧師，尼采和奧弗貝克懷著無可奈何的心情送他。羅門特的心情也是痛苦的，他流了許多眼淚，請求尼采原諒。在火車上，羅門特一遍又一遍地說，自己一生最美好最幸福的時光已經一去不復返了。

工作人員關閉了車門，羅門特還要再跟兩位朋友說幾句話，想放下窗玻璃，但窗戶鎖住了。他拚命用勁搖動窗戶，臉上露出令人不忍目睹的絕望神情。這時，火車啟動了，被分隔開來的朋友們只有默默地哀嘆著。這整個場面彷彿是一種象徵，讓尼采深為傷感。

尼采的難過還包含著一種深深的自責：他覺得羅門特走上這條路自己負有不可推卸的責任。平時他經常向這位性格懦弱的朋友灌輸一種教條，使得羅門特因其殘酷性而不能承受，更加劇了他的意志頹喪。

這事對尼采的打擊非常巨大。他送走羅門特後，就躺在床上不能起來了。頭痛持續了一天一夜，劇烈嘔吐不止，直至把膽汁都吐了出來。

頭痛、失眠、嘔吐、內部器官痙攣，這些症狀持續了幾個月時間，到了7月分才開始緩解。一旦身體狀況有所好轉，尼采

又開始了寫作活動。到 10 月，尼采已經基本完成他的系列論著的第四部。他還在巴塞爾與戈斯多夫和瑪爾維達一起，討論了一個猶太作家保羅‧雷的新作《心理觀察》。保羅‧雷是上一年由羅蒙特介紹認識的，主要做心理學研究，後來也成了尼采的好朋友。

這次的病是一場大病的預告。被病魔襲擊後，尼采被迫離開了巴塞爾，到孤獨的山林中靜養。尼采對歐文說：「請給我帶來一些令人欣慰的消息吧，我可以從你的友誼中獲得幫助我承受這件可怕的事情的力量。從我的友誼觀出發，我確信自己已經被深深地傷害了。我更加痛恨那種跟任何人都保持友好相處的作風，在我看來，這種方式的本質其實是虛偽不實，將來在交朋友這方面我可得更加慎重。」

伊麗莎白住在拜洛特，3 月分，她是與華格納一家一起度過的，此後，她便回到了哥哥身邊，她被哥哥當時的狀態嚇到了，因為對羅門特的悲傷回憶總是糾纏著他。

尼采也在掛念著華格納，他自言自語道：「我曾經經歷了怎樣的危險啊，我崇拜著這個人，從中感到幸福，我將自己託付出去，結果到最後卻發現自己跟隨的只是幻象，而且這些幻象都是相互關聯的。華格納的理論跟基督教教義幾乎沒有什麼區別。」

一天，伊麗莎白和哥哥在公園裡散步，她又向哥哥講述了發生在拜洛特的事情，這已經是她第十次跟哥哥講述這件事了，她注意到尼采的臉上有著奇特的神情。她詢問他，不斷地發問，於是在他長篇大論、滔滔不絕的感嘆中，他保守了一年的祕密被洩露了。

拋棄對華格納的幻想

尼采突然戛然而止，因為他看到了一個徒步旅行者正跟在後面，監視著他。他一把抓住妹妹飛快地離開了，自那天開始，他一直都處在精神恐懼之中，因為他擔心自己的話會傳到拜洛特。幾天以後，他再次遇到了那個古怪的旅行者，他知道了他的名字：伊凡·屠格涅夫。

在理性中堅定信仰

　　1876 年就要來臨了，四聯劇的公演時間確定在夏天。尼采聽到這個消息後清楚地知道，他必須要作一個決定了。

　　尼采依然生活在聖誕節和新年的強烈印象中，這無疑加深了他的憂鬱。從 1875 年 12 月，他再一次病倒，可能直至新年的 3 月分才能從床上起來，此時他的身體非常虛弱。

　　1876 年 1 月 18 日，他寫信給格斯道夫說道：「我現在覺得寫作都十分消耗體力，我會盡量寫得簡潔一些。這是我度過的最悲哀痛苦的聖誕節，我不得不懷疑，困擾我的是大腦系統的疾病，而另一種什麼病則給我的胃和眼睛帶來了痛苦。我父親 36 歲時死於腦炎，我很可能也會有這種病……」

　　在春天快要到來的時候，尼采產生了離開巴塞爾的念頭。格斯道夫提出與他同行，於是兩個朋友在日內瓦湖邊的奇隆安頓了下來。

　　但是，那裡氣候潮溼，空氣中多少帶著電荷，只要天氣出現些許變化，尼采的神經就會感到疼痛。更糟糕的是，尼采在那裡還深受「燥熱風」之苦，這種柔和溫熱的風使尼采變得消沉，他的疑慮和痛苦情不自禁地便流露了出來。出於對朋友健康狀況的擔憂，格斯道夫被迫回到了德國。

　　但是一個人待著，尼采卻感覺好多了。可能是天氣的轉變讓尼采開始感覺良好，也許是他傾訴的對象格斯道夫不在身邊，尼

在理性中堅定信仰

采收斂了自己的沮喪。他的脾氣變好了,而好運氣的意外到來使他徹底獲得了一段自由的時光。

梅森伯格剛剛出版了她的《一個理想主義者的自傳》。尼采在離開時帶走了這兩本書。他非常喜愛這個 50 歲的婦女,而且喜愛之情還在逐日增加。她的生存境遇不佳,卻對這種生活懷著勇氣,她總是展現出美好和善意。她並不擁有非凡卓絕的才智,但是她的性情卻豪爽勇敢。

尼采開始只是帶著一般的期望去閱讀這部作品。然而最終這部作品卻吸引了他。這是對 19 世紀最優美的記載之一,梅森伯格經歷了所有的這一切,見證了所有的世故、英雄和希望。

《一個理想主義者的自傳》這本書鼓舞了尼采,它讓尼采安於人生,重新找回了自信並且恢復了健康。

尼采又前往日內瓦。在那裡他結識了一個朋友,音樂家桑格;還結識了一些法國人,這些法國人因為支持巴黎公社而被政府放逐。尼采喜歡他的新朋友,他喜歡跟他們交談,尊敬這些有著健全的頭腦並勇於自我犧牲的狂熱分子。

隨後,尼采重返了巴塞爾。他寄出的第一封信是寫給梅森伯格的:

> 親愛的弗羅琳,我從頭到尾仔細讀了妳的書,我被書中的每一頁所吸引了。我在妳的書中看到了純潔和愛,這讓我印象深刻,永不忘懷。但這沒有令我自慚形穢,我從中看到的是妳的鼓舞。輕易地穿越了我的思想,我從妳的生活中讀懂了我的生活,我輕易地察覺到了我的缺失是什麼 —— 它們竟然如此之多!因此我對你的感激要比我對一本書的感激多得多。

我曾經強烈地希望你近在身邊，這樣我可以隨時向你請教一些問題，你的書感動了我，還解答了我思考中的疑問。你的存在讓我發現最嚴肅的道德主題之一，那就是存在於沒有血緣關係的母子之間的愛。它是最崇高的博愛。請賜予我一點這樣的愛吧，請把我看作一個缺乏母愛的兒子中的一個吧！

梅森伯格立即給尼采寫了回信：「如果我的書真能配得上你信中所描述的歡樂，我會為自己的書而感到高興。如果我真的可以幫助你，我一定會這樣做。等下個冬天來臨時，你必須離開巴塞爾，去尋找一個氣候更溫和陽光更明媚的地方。」

收到這封信，尼采立即回信：「今天我只能說出一句話，謝謝你的邀請，我一定來。」

由於找到了一個未來的避難所，尼采恢復了信心和勇氣。

幾天後，他給格斯道夫寫信說道：「我已經找回了自己的良心。我發現了一個道理：只有在高尚行為面前人們才會產生敬仰和為之傾倒的行為。妥協？絕不！獲得巨大成功的保證是永遠忠實於自己。在經驗中我已經認識到自己所產生的影響，我知道假如我變得比以往更軟弱更多疑，我就會陷入枯竭，同時陷入枯竭的還有那些許多跟我一塊前進的人們的心靈。」

在即將到來的危機面前，尼采需要有這種驕傲。華格納的弟子們設宴款待他，尼采找藉口推掉了邀請。他寫了一封充滿熱情的信給華格納。

華格納立即給尼采寫了幾行熱情洋溢的信，他談到了宴會的情況：大家為他的輝煌事業而乾了杯，而他則以幽默的答謝來作答。

在理性中堅定信仰

　　尼采被這封信感動了。在看完回信的那一刻，他感到自己是完全自主的，對未來非常肯定。他釋放了自己的熱情，讓自己不再小心翼翼，並用一種放縱的敬意思考著這段經歷，權衡著華格納給他帶來的歡樂，他希望能夠釋放這種感激之情。希望幻滅之後，他還可以創作出一本充滿熱情的書，這本書將是他所寫的所有關於華格納的文字中最優美的作品。

　　這些思想和激發《悲劇的誕生》這本書的思想之間存在著根本性的對立。藝術不再是生存的理由，而是在為生活準備必要的休息。最後，尼采用三行咄咄逼人的句子結束了全書：「實際上，華格納並不如我們所願是未來的先知，他只是對過去做出了解釋和謳歌。」

　　這本小冊子一出版，華格納就寫了一封信：「朋友，你在書中展現的思想實在是太豐富了！你怎麼能如此了解我呢？快到拜洛特來吧，在這裡待到正式公演吧！」

　　7月中旬，排演開始了。那時尼采的身體並不好，但是為了欣賞每一場演出，他還是去了拜洛特。尼采到達拜洛特兩天后，給他妹妹寫了一封信：「我十分後悔來到了這裡，至今為止，所有的事情都糟糕透了……星期一我去看了演出，它讓我覺得非常不舒服，中途我便退場了。」

　　但第二封信的到來使她稍稍放下了心：「親愛的好妹妹，眼下情況還不錯……」不過信的結語很奇怪：「我應該長期獨自生活，我要拒絕一切邀請，甚至是華格納的也不例外。他發現我悄悄溜走了。」

差不多同時，她收到了最後一封信：「我一定要走，待在這兒真是太愚蠢了。音樂晚會沒完沒了，讓我一直都懷著恐懼，但是我卻不得不待在這兒。我無法忍受了，我根本就不該來，我要走了，不管去哪裡，只要我能離開，這裡的一切都是無法忍受的。」

華格納將人們全部征服了，他替他們解決了謎團和令人不安的問題，而人們似乎也安於生活在這種陰影之中。人們從不思考，將灌輸給他們的公式狂熱地重複著。一些黑格爾的信徒們也來了，華格納自封為他們的第二導師。

叔本華的所有追隨者們也都在那裡，有人告訴他們：華格納和叔本華自成一脈，只不過他的表達體系是音樂。一些年輕人稱自己為「理想主義者」、「純粹的德國人」。

為此，尼采不再關注這種滑稽的場面，他開始觀察著華格納。華格納春風得意，因為他已經成功了。這個人的滿足比大眾的滿足更加讓人震驚和悲哀。

尼采親身體驗並分享了這種狂喜，但同時，他也對這種快樂表現出了同情和妒忌。

另一個事件讓尼采感到更加不安。他確切地知道了即將誕生的作品《帕西法爾》的真正意義所在。華格納將要宣布自己皈依基督教。這樣，在 18 個月裡，尼采目睹了兩次宗教皈依：羅門特多半是因為性格的軟弱而淪為了命運的犧牲品；對華格納而言，一切都是嚴肅的，一切都為了響應時代的需要。

尼采在整個《帕西法爾》中清楚地感到，新的信仰已經不存

在理性中堅定信仰

在了。他察覺到了這種由現代人一手炮製的危險，這些人對自己不自信，以至於輕易落入了基督教的信仰當中，這種信仰強大有力，能夠召喚、承諾並能夠給予和平。

尼采注視著這些人，打心底對他們的歡樂表示了輕視。這些人已經到達了最後崩潰的臨界點，並且是被這位所謂的大師，這位已經將他們征服的騙子親自引往深淵的。他們中沒有一個人清醒地知道，這雙強而有力的手不久就要把他們帶向何方。他們幾乎沒有宗教信仰，可是他們將立即成為基督徒。

尼采清楚地看到了這一切，這種無意識的生活場景使他感到絕望，這種絕望同中世紀那些神祕主義者在面對社會景象時的感覺一樣。尼采想拯救這些處在麻木中的人，用一句話警告他們，用一聲喝斥制止他們。但是沒有人會聽他的。他只好保持平靜，掩飾自己那可怕的想法，保留下勇氣，觀看這場悲劇性的莊重儀式。

但是他還是不能容忍，不久他就支持不住逃掉了。離拜洛特幾千公尺遠的地方是波希米亞與弗蘭科尼分界線的那片高地，尼采隱居於坐落在樹木掩映的森林中的克林根布隆村。

尼采既然已經洞察了華格納藝術的危險，那麼他就已經想出了清楚的補救措施。他想起了自己在施泰納巴德的思考，並再次肯定了當時所作的決定。他想清理往事，抵制形而上學的誘惑，同時放棄浪漫的藝術，保存理性的判斷力，像笛卡兒一樣，從懷疑開始。

尼采漫遊在靜謐的林間，他在森林嚴肅的沉靜中聽到了訓誡：「如果我們不能從樹林和山巒之中找到堅實而又安寧的精

神，那麼我們就必將不能平靜。安靜將被驅逐，因此我們不能懂得幸福，更不要談獲得幸福。我誓將安靜還給人類，只有它存在，文化才能生存。」

一旦找回了自己，尼采便重回了拜洛特，他回到拜洛特的那一天，觀眾的興致較他走那天要更高。此時皇帝威廉正好在去檢閱演習的路上路過了拜洛特，因此他也觀看了演出。他整整參加了兩個晚上的音樂會，這讓華格納增輝不少。這簡直轟動了整個巴伐利亞和法蘭克尼亞，周圍的人們都潮水般湧來向皇帝致敬。

尼采完整地觀看完了演出，他沉默地在內心衡量著自己的評語，布倫納注意到了尼采異常的沉默。

尼采常常在幕間或者下午離開，每個晚會的成功都會增加尼采的憂傷。在華格納創造的英雄中，尼采最喜歡齊格飛。他在這個無所畏懼的年輕人身上看到了自己的影子。那時，他還在筆記本上這樣寫道：「我們是精神的騎士，我和鳥兒心意相通，並跟隨著它們。」在華格納的所有歌劇裡，這是他能夠不遺憾地傾聽的唯一一部。

帷幕徐徐落下了，交響樂消失在寂靜的夜空中，觀眾們突然一齊起身，爆發出熱烈的歡呼喝彩聲。當帷幕再次升起時，華格納一個人出現在了臺上。他身材瘦小，站得筆直，穿著一件雙層胸襟的外衣和布褲子。他用手勢示意大家安靜下來。場地中便開始變得安靜了。

他大聲說：「我們已經把我們希望展示的一切向你們展示了。如果你們跟著我們的追求，那麼你們就到達了藝術的殿堂。」

在理性中堅定信仰

　　觀眾一次接一次地召喚著他回場。尼采注視著站在舞臺照明燈中的老師，他沒有鼓掌。

　　他想：「他在那裡，我的同盟者，我的老師。他原本是荷馬，但已經被柏拉圖的精神滋養了。」

　　帷幕最後一次降落了，尼采站起了身，沉默地消失在了人群當中，就像是失事的船骸順著流水孤獨地漂向了遠方。

　　正是在拜洛特期間，尼采下定了決心，同華格納一刀兩斷。而且不僅僅是與華格納，也是與過去的「我」一刀兩斷。

　　尼采逃離拜洛特這段時間，精神活動有如害了一場大病，拿他自己的話來說，就是經歷了「蛻皮」的過程：昨日之我已死，今日之我誕生。這當然是痛苦的。煩躁，痛悔，無地自容，其對於心靈震撼之強烈，唯有看叔本華的《作為表象和意志的世界》那次可以相比，但比那次深刻得多。這不僅是因為年長了 10 多歲，更因為這次精神的驟變是沒有任何外在偶像幫助的，完全是一種自我解放或解脫。

　　拜洛特成了尼采向華格納最終告別的地方。

在療養中擺脫工作

1876 年 7 月底，尼采回到了巴塞爾。

他雙目疼痛，視力很差，因此有兩個朋友前來幫助他。其中一個叫做科斯萊茨，他很年輕，尼采給他取了個暱稱叫彼得·加斯特，意思是客人彼得；另一個是保羅·雷，他是尼采在兩年前認識的朋友，一個才思敏捷的猶太人。

由於朋友的幫助，尼采才得以重新閱讀寫於克林根布隆的日記。尼采希望能從這些筆記裡提取一些東西作為《不合時宜的思想》第二部分的素材。

當時保羅·雷剛剛發表了他的《心理學考察報告》，他給尼采朗讀了自己的作品。

尼采很欣賞這篇短小的作品。文中在處理思想時表現出的謹慎作風讓他欽佩。此外，尼采還作出了一個重要決定，他要到保羅·雷及其老師的學校去學習。

9 月，尼采已經申請到了假期，現在他生活中的唯一快樂就是他能夠有幾個月的時間來擺脫老師的工作。

10 月底，阿爾弗雷德·布倫納和保羅·雷陪伴尼采離開了瑞士。這三個德國人一直走到了熱那亞，又在熱那亞乘船前往了那不勒斯，此時梅森伯格正在那裡等候著他們的到來。

梅森伯格發現尼采情緒很低落，因為他經歷了長途跋涉，到達的卻是一個喧鬧嘈雜、人群纏繞不休的城市，這讓他感到十分不快。

在療養中擺脫工作

然而，到了晚上情況就不一樣了。梅森伯格邀請他們乘車去波西利普觀光，在那裡可以看到十分美妙的夜色、天空和大地，在無法描摹的色彩的光暈中蕩漾著的大海，這一切就像迷人的音樂一般充溢於心，天地彷彿一曲和聲，在這種美景面前，所有不協調的音都消失了。

此時，尼采像孩子一般快樂，他對眼前的景象感到十分驚訝，他容光煥發，完全沉浸在了極度的激動之中，他對自己看到的一切都發出了熱烈的讚嘆。

梅森伯格已經租了一幢陡峭斜坡上的別墅，陡坡上長滿了橄欖樹、檸檬樹、柏樹，葡萄藤也順勢而下，與海波相接。尼采他們住在底樓帶陽臺的房間，梅森伯格的女僕住在二樓，另外還有一個客廳。

她把客人們安頓在了她預先訂好的休養所裡，但是此時華格納正住在休養所附近，在拜洛特獲得巨大的成功之後，華格納和家人便來到了索倫托進行休養。

雖然經過了長期的工作，此時的華格納依然毫無倦態。他白天在附近散步，晚上和不同的人交談。

自己的老師以這種方式再次出現了，散步和晚會是尼采無法迴避的活動，但是他至少在參與的時候表現出了一絲細微的冷淡。每當華格納暢談其未來的計劃，談到他即將開始的工作和想要表達的宗教思想時，尼采卻與保羅・雷一起談論錢福特和司湯達的話題。

華格納自然注意到了尼采和雷的談話，當時華格納排斥猶太

人，同時雷也不喜歡他。華格納自以為好心地告訴尼采：「和他交往要當心，那個人對你沒好處。」

但尼采明顯不打算改變自己的態度。他幾乎一直都在沉默著，即使被帶入了交談，他臉上那不自然的熱情和快樂也傳遞出了他內心的勉強。梅森伯格不止一次地感到驚奇，她感到，他們曾意氣相投擁有共同的神聖祕密，但是現在他在中間「卻撒下了混亂和分裂的種子」。

10 月即將過去的時候，華格納離開了索倫托，梅森伯格和尼采這才得以有空間重新調整生活。他們對自己的時間作出了詳細的安排：午前每個人都獨自工作，中午一起進餐，接著外出散步、交談，黃昏的時候依然獨自工作，晚餐後進行閱讀。

尼采和梅森伯格都近視，布倫納有肺部疾病，唯一的健康者就是保羅‧雷，他承擔了朗讀的任務。他要為大家讀雅各‧布克哈特關於希臘文化的演講，另外還有米什萊、希羅多德、修昔提底斯的一點作品。有時候，聽眾總是因為自己的問題或者對文章的疑問而打斷雷的朗讀，而最後幾乎都是尼采來解決這些問題，打消聽眾的疑問。

在朋友中間，相處時間長了，尼采性格中那些使人愉快的方面越來越明顯地表現出來：他不僅在智力上出類拔萃，而且為人風趣幽默，待人善良友好，平時在外人面前那種不苟言笑、沉默拘謹的面具早已摘下。在嚴肅認真的精神交流和探討中，尼采常常開幾句玩笑，來消除夥伴們的疲勞和輕鬆一下氣氛。大家都公認他是一個難得的好夥伴。

在療養中擺脫工作

尼采非常懂得獲得快樂的方法，懂得在笑話中尋找樂趣，正是這些笑話掃除了這個小圈子中的嚴肅氣氛。晚上大家在一起時，尼采坐在扶手椅裡，扶手椅處在窗簾的陰影之下，而尼采也會為自己選擇一個舒服的姿勢，桌子上放著燈。

雷就坐在一旁朗讀，年輕的布倫納則坐在靠近壁爐架的地方，邊聽著朗讀邊幫梅森伯格削做飯用的橙子。

梅森伯格常常開玩笑說：「我們幾個人在一起簡直就是一個理想的家庭。我們四個人從前素不相識，沒有血緣關係，沒有共同的經歷，但我們現在卻完全和諧地住在了一起，保持著自己的個人自由和心靈的完全充實。」

因此，他們很快便草擬了一個計劃以補充和擴大這種愉快的經歷。

尼采從未放棄過創辦那個世俗修道院的古老夢想，這一老一少的希望正好契合，保羅·雷和阿爾弗雷德·布倫納對這個計劃也表示了贊同，因此，這四個志同道合的朋友對這項計劃進行了嚴肅的思考。

他們為設想尋找了一個合適的地方，就是索倫托，它不在閉塞的城市之中，而是位於美麗的風景區中。

在海岸附近，他們發現了各種各樣由人工擴建過的寬敞岩洞，他們進去查看發現裡面竟然還有著類似講壇的東西，它們看上去完全是為一個演講家而準備的。大家設想，如果夏天天氣悶熱時，可以把這裡當作教室。他們還構思了學校的計劃，這個計劃的基礎以古希臘為模型。而主要的教學方式則是承襲逍遙學派的互相訓導。

尼采對這進一步的計劃感到高興，他寫信對妹妹說道：「我關於教育者的學校的理想，或者是你提到的那種現代修道院，理想聚居地和自由大學……我們預計這個機構包括 40 個人，並決定任命你為這個機構裡的女校長和行政官。」

初春季節到來時，布倫納和保羅·雷離開了索倫托，只剩下了梅森伯格和尼采兩個人。他們互相為對方朗讀，但因為閱讀太費眼力而兩個人的視力都不好，他們放棄了閱讀，選擇了交談這種更簡單的方式。

梅森伯格向尼采講到了 1848 年那些崇高的日子，尼采喜歡這些內容，而且尤其喜歡涉及馬志尼的話題。

尼采一直記得，在 1871 年 4 月，當他穿越阿爾卑斯山時，他意外地與這位義大利英雄在同一輛馬車上成為了同路人。馬志尼向他轉述了歌德的格言：「永不妥協。完全生活在整體、全部和美之中。」每當想到這個人時，尼采就會想起這句格言。

梅森伯格和馬志尼則是在倫敦結識的。她一直欽佩他在指揮上的魄力，在服從時的嚴格，還有他對每一個同志的熱心腸。但是馬志尼也為這種謙卑付出了代價，在勝利的時刻，人們遺忘了他的付出，將他一個人放逐了。

馬志尼最大的希望就是能夠在他熱愛的利古里亞度過餘生，他隱姓埋名，並在那裡了卻餘生。當他臨死時，他一口純正的義大利語讓護理他的醫生大吃一驚，因為他一直將他當作是英國人。他向醫生說道：「你瞧，從來沒有一個人像我這樣深愛過義大利。」

在療養中擺脫工作

尼采仔細地聆聽了這些故事。他對梅森伯格說：「我最敬重馬志尼。」

尼采明確地表達了這樣的一套生活原則：對人保持中立，不涉政治，保持中產的經濟地位，不走顯貴者的生活道路，不同自己生活圈內的人結婚，讓朋友照顧孩子，排斥任何宗教信仰。

梅森伯格最終明白了尼采的心意。一天，尼采將一堆手稿交給她說：「請讀一讀這些東西，這都是我在樹下產生的想法。我從來不會坐在那棵樹的陰影下而忽略它的思想。」

梅森伯格讀了這些東西，她在文字中發現了一個全新的尼采，這是一個兼批評家和否定者於一身的尼采。她告誡尼采：「不要著急將它發表。這需要好的時間，你最好再想想。」

尼采對她好心的告誡報之一笑。

5月初，天氣開始變得炎熱。尼采變得煩躁起來，他想要離開休養所。梅森伯格想要他推遲行期，至少得從先前的疲勞中恢復過來之後才能離開。

尼采拒絕了這個提議。一旦他下定決心，便立即就要行動，要從那不勒斯乘船去熱那亞。

出版《人性的，太人性的》

1877 年 5 月，尼采離開梅森伯格的休養所去了羅森勞埃，他在那裡的溫泉裡接受了一次治療，但收效甚微，於是匆匆返回了巴塞爾。

9 月分到來時，尼采就必須要重新回到教師的崗位，這是他生活的來源，也是他害怕失去的訓練。同時，他也承認這項工作無聊得可怕。

曾有人提議，鑒於他對巴塞爾大學的貢獻和他的病情，校方可以考慮讓他退職，但給予他充足的年薪。於是梅森伯格建議尼采退休，但伊麗莎白卻持相反的意見，希望他保留公職。尼采最後採納了妹妹的意見。然而隨著返校的日期越來越近，他的反感也與日俱增。

伊麗莎白來到了巴塞爾，終日陪伴著尼采。一開始，他為妹妹的陪伴而感到高興，但他馬上就意識到自己和她無話可說，她從裡到外都成為了華格納的信徒。

尼采喜歡保羅·雷，但是由於健康原因，保羅·雷還滯留在德國北部，不能前往巴塞爾。他寫信給雷說：「我希望你已經擺脫了可惡的病魔。新的一年即將到來，我衷心地祝福你像現在這樣活著，像過去那樣活著。我急切地想同你待在一起。我們都因為對方的存在而正確地理解自己，我們總是感到十分默契，我想，我們之間就像那些好鄰居一樣，當他們同時冒出某個念頭

出版《人性的，太人性的》

時，就會互相拜訪，並且常常發現對方也正在向自己走來……什麼時候我們才能好好地談談人生問題，不是書信交談，而是面對面的呢？」

12月，尼采再次給雷修書一封：「每天我都無數次地想起你。」此時，尼采已經寫完了他的書。想法從他的腦海中一個接一個地蹦了出來，沒有連貫性，他的健康狀況十分糟糕，這使得他無法將它們富於條理地編排起來。

尼采渴望寫一本簡單明瞭的書，希望這本書能使那些最急切的狂熱者冷靜下來慎重地思考這個問題。許多「美好的靈魂」圍繞在華格納和拜洛特的周圍，尼采剛剛從其中掙脫出來，他希望自己能像老蘇格拉底一樣對這些「美好的靈魂」講話，使他們意識到自己信仰的荒謬。

他為自己的書取了個《人性的，太人性的》的標題，他詳細敘述了寫作這本書的目的：「我手中握有火炬，這火光沒有燃燒出煙霧。現在我們位於地下的觀念世界裡，我將要在其中投射一道充滿生氣的光芒。錯誤接踵而來，我伸手接住了它們，將它們放到冰上，於是這些觀念被凍僵了。『天才』就凍僵在這裡，『聖人』凍僵在另一個角落，這一層層厚冰之下就是『英雄』，接著是『信仰』『同情』，很明顯，『同情』已經變得越來越僵冷——事實上，這些『物自體』在任何一個角落都凍著。」

這部作品裡滿是悖論。尼采熾烈的感情超乎常人，他十分確定自己的工作、使命和人生的崇高結局。儘管這樣，他將嘲笑的輕蔑投以了它們。他將科學置於更高的位置，將詩歌放在科學之

下，將曾經讚揚過的埃斯庫羅斯放在曾被譴責過的蘇格拉底之下。尼采說：「這就是那本使病弱者感到震驚的書。」

正是從《人性的，太人性的》開始，尼采達到他的思想的完全成熟期。他讓自己最終從叔本華的形而上學、華格納的美學、基督教的信條中解放出來，獲得精神上的充分自由和完全獨立。

1878 年 1 月 3 日，華格納寄給尼采詩劇《帕西法爾》，尼采閱讀了這部作品，這使尼采在內心中更精確估量了促使自己和老師分手的距離。他給拜倫·馮·塞利茲寫信說道：「我在第一遍閱讀後感覺這部作品更像是李斯特而不是華格納的作品。作品中充滿了反革新的精神，我深知希臘人和人類的氛圍，所以我明白這一切都屬於過度褊狹的基督教。就這部作品而言，音樂家的劇作沒有超越他的音樂的使命。」

尼采心中依然對這位無與倫比的老師懷有熱愛，並且第一次明確地思考了決裂的問題。疑慮和煩惱在他心中不斷地增長。

從 1878 年聖誕節開始，尼采就有了更多的空閒，他教師的工作任務沒有以前繁重了，因此他每天擁有了更多的自由時間。他利用這個機會每週都會離開巴塞爾，獨自在附近地區閒逛。

尼采沒有去爬那些高山，他更中意的是侏儸山和黑森林，因為，在這些林木茂密的高地中，他可以回憶起他的童年生活。

兩個月過去，尼采仍然沒有對《帕西法爾》作任何答覆。出版商已經印好了《人性的，太人性的》，等待著最後的出售。

尼采深知，這部作品對獨持己見的堅持必將激起拜洛特那幫溫順的人的憤慨。當大家都撕破臉的時候，他會膽怯。他對華格

出版《人性的，太人性的》

納和公眾的反應一樣顧慮重重。

但是，已經寫了這些文字，尼采永遠都不會後悔。這些富有生命的邏輯曾經支配過他的內心，他也很清楚，這相同的邏輯總有一天會引領他走向一種新的熱情，而且還會使他習慣於掩飾這些年不斷出現的危機。

尼采的腦海裡突然蹦出了一個奇怪的主意：可以用匿名的方式出版這本書，只讓華格納一個人知曉這部作品的作者是他的朋友兼學生，並理解學生內心對他的忠誠。

於是，尼采起草了一封長信寄給了出版商。

出版商拒絕了尼采匿名發表的提議，尼采只好放棄了這個主意。他最終下定了決心。1878 年 5 月，伏爾泰逝世 100 週年時，歐洲正在準備各種紀念活動，尼采挑選這個日子來作為自己作品的出版日，並將這本小冊子作為了對這個偉大作家的紀念。

歐文不贊成這本書的觀點，華格納不作應答，但是尼采清楚在這個圈子裡，追隨者們是怎樣評價自己的。他們會說：「如果這個拜洛特的漫畫家不是個背信棄義的人的話，他一定就是個瘋子。」一個匿名的人從巴黎寄來一個小盒子，盒子裡裝著一個伏爾泰的半身塑像和一張便條：「伏爾泰先生的英靈向弗里德里希·尼采先生致敬。」

伊麗莎白一想到自己的哥哥這樣一個內心純粹的德國人，竟然願意拜倒在這樣一個法國人的旗幟下時，便難過地哭了。

尼采的一些朋友對這本書作出了不同的評價。布克哈特說道：「你的書讓精神變得更加獨立。」

保羅‧雷寫信則說：「你的書和歌德、愛克曼的談話錄一樣給了我如此多的啟示。」

除此之外，彼得‧加斯特、歐維貝克及其夫人也給予了尼采鼓勵和支持。

儘管如此，尼采依然有著深深的挫敗感，《人性的，太人性的》沒有獲得成功。他還聽說，當華格納聽到這本書的銷售量少時曾經幸災樂禍地說道：「哈，哈，你瞧，尼采只有在捍衛我的事業時才會被人關注，否則，沒門！」

1878 年 8 月，拜洛特雜誌發表了一篇對《人性的，太人性的》進行的匿名評價：「德國教授一生之中都得寫一本書來幫助自己獲得聲譽，但這並不意味著遍地都能發現真理，所以有的人就滿足於透過證明前人的觀點是謬誤來博得眾人眼球，而且當這個被侮辱的前輩聲名卓著時，這種效果也就愈加明顯。」

尼采認出了這個匿名的作者——華格納。

華格納這種低劣的批評方式使得尼采深感痛心。他現在想表達對從前的老師叔本華和華格納的態度，只不過現在他想用一種平靜和尊敬的口吻進行解釋。他已不再需要在一些人面前保持謙恭。在重新思考索倫托的筆記之後，他開始著手寫《人性的，太人性的》一書思想的續篇了。

此時，伊麗莎白離開了巴塞爾。尼采度過了一個痛苦悽慘的 9 月分，他那激動不安的境況令人感到驚恐，因此好多人都在迴避他。

尼采試圖在巴塞爾召集新的信徒，但是他所有的努力都是徒勞無功的。年輕人無法被他提出的那種不合群的自由所吸引。

出版《人性的，太人性的》

尼采的一個學生赫爾·沙弗拉去聽了尼采的講座，但他幾乎不能理解。

一次課間，尼采正好在赫爾身邊，於是他們並肩走了出去。此時天際掠過了輕柔的雲彩，尼采說道：「這些美麗的雲彩飄得真快啊！」

赫爾於是回答道：「它們就像保爾·維羅尼斯畫中的雲彩。」

尼采突然轉過頭，一把抓住赫爾的手臂，說道：「假期很快就要到來了，我也很快就要離開，跟我一起走吧，我們一起去威尼斯看雲彩。」

他的行為讓赫爾大吃一驚，當時結結巴巴說不出話來。尼采看到之後，他默默地轉過了身，面如死灰，沉默地走開了。

與華格納的決裂給尼采帶來了巨大和持久的痛苦。

1879 年 2 月，伊麗莎白寫信給科西瑪·華格納。科西瑪回了信，信中用了一種莊嚴、溫和且又堅決的語氣：「不要在我面前提起《人性的，太人性的》這本書。在給你的這封信中，我只願回憶的是，你的哥哥曾經為我寫了一些篇章，至今為止，我都認為那是最優美的……我對他沒有怨恨，他已經被痛苦擊垮，失去了自控力，只有這一點可以幫他開脫罪過。」

她接下來卻又說：「現在不用認定他目前的作品，我反對這種認為它們只是代表著心靈尋求自身的階段這種說法，這幾乎和貝多芬所說的話類似：『在我的第三種風格中去看我。』 而且，一個人在閱讀的時候就會看出作者本人的懷疑，那麼這部作品僅僅是沒有動力的詭辯，只會引起讀者的同情。」

1879 年，尼采發表了《人性的，太人性的》一書的續篇《雜亂無章的觀點和箴言》。認識尼采的人迴避了這篇文章，他們不再排斥尼采，反倒開始同情他。因為尼采的健康正在惡化，他終日被頭痛、胃病和眼疾折磨著。就連醫生們都在為他們無法確診的症狀和無法治癒的病人感到不安。

　　尼采憑藉直覺猜到了醫生們的恐慌。彼得·加斯特在威尼斯等著尼采，但是尼采因為身體原因被迫放棄了這次旅行計劃，他只能待在自己在巴塞爾門窗緊閉的房間裡。歐文和格斯道夫曾將希望放在尼采身上，而尼采的健康狀況令他們感到大為震驚，他們寫信問歐維貝克：「聽說尼采的病無法挽回了，這個消息是真的嗎，告訴我們。」

　　歐維貝克回信道：「唉！他的狀況簡直糟透了。」

　　尼采的病情甚至讓華格納都深受震動，他寫信給歐維貝克說道：「我無法忘記他，這個以如此激烈的方式與我分手的朋友。我非常清楚，如果一個靈魂被如此的熱情所折磨，那麼要求他合乎常情地進行思考是不恰當的。一個人必須對這種異常的行為保持沉默，並對這個人心懷同情。我冒昧地請你把我朋友的消息寫信告訴給我。」

　　歐維貝克和他的妻子悉心照顧著尼采，他們寫信給伊麗莎白，向她描述了尼采的病情並告訴她她應當在哥哥身旁。伊麗莎白接到信立即趕了過來，她一時之間幾乎沒有認出哥哥，這個一年之間老了 10 歲的佝僂、衰竭的人。而尼采只能透過手勢表達對她的到來的感激。

辭職歸隱療養身體

1879 年，這年聖誕節尼采一個人在巴塞爾度過。新的一年開始，他的健康狀況越來越惡化，劇烈頭痛、眼痛和嘔吐經常連續發作，難以忍受。

2 月 17 日在給母親和妹妹的信中說：「我的眼睛糟糕得使我無法再教課，頭痛的情況就無須再提了。」他不得不一再要求休假，停止教學工作。

3 月，尼采繼續養病和接受治療，他去了日內瓦。在給家人的信中他訴說了自己的痛苦：「我的生活與其說是力圖恢復健康，不如說是飽受折磨。我所想的就是『但願自己是個瞎子』的傻念頭。因為我本不該再讀書可不能不讀下去，正如我現在理應讓大腦休息卻總是苦苦思索一樣。」

4 月，回到巴塞爾，視力進一步惡化，幾步路以外的東西都無法看見。同一個女子結婚的事情現在沒有任何可能了，只剩下最後一條路來挽救他的身體健康：辭去巴塞爾大學的教職。

5 月 2 日，尼采提出辭呈。

6 星期後，巴塞爾大學以真誠的惋惜之情免去了他的職務。他們高度評價了尼采的成就和貢獻，每年給他 3,000 法郎退休金。尼采最後講的兩次課是「希臘的抒情詩人」和「柏拉圖研究導論」。

尼采的健康狀況越來越糟。頭痛、胃病和眼疾一刻不停地折

磨著他。奧弗貝克給詢問情況的洛德、戈斯多夫回信說：「他的情況真令人絕望！」

尼采渴望去最偏僻最安靜的地方孤獨終老，於是，6月底伊麗莎白把他帶到了恩加丁人跡罕至的山谷間。

尼采在這裡他的感覺要好一些。這裡海拔高達1,800公尺，氣候涼爽，空氣清新，環境宜人，是一個可以長期居住的地方。在這裡待了兩星期後，他在信中說：「我病得很厲害，已經臥床4天了，每天都有痛苦難受的時刻。儘管如此，我比在任何別的地方都更能頂得住。我覺得，彷彿我長期尋找的地方終於找到了。我現在根本不再去想什麼『好轉』，更不用說『康復』了。現在只要能夠『頂得住』就很不錯了！」

這裡幾乎空無人煙。群山起伏如同大海的波濤，在濃密的樹林深處是一個綠色的小湖。周圍怪石嶙峋，眼前偶有牛羊在悠閒自在地吃草和漫步。

太陽的強光透過層層樹枝樹葉的過濾，灑到這幽靜的大地時，已變得分外柔和和朦朧，特別適合於尼采那病弱的雙眼。偶有點點落日的餘暉灑落在不遠處，使附近的一切處於半明半暗中，彷彿一個現代人在向古老的歷史憑弔，給人一種蒼茫、肅穆的感覺。

這個瑞士的偏遠之地讓尼采得到了意想不到的慰藉。那裡的空氣輕盈純粹，草原的光線柔和宜人，星羅棋布的湖泊讓尼采感到欣慰，它們令他想起了芬蘭，尼采也喜歡那些村莊和善良的農民。他感到與他們之間有著共同之處。

辭職歸隱療養身體

尼采開始康復，他幾乎和朋友們斷絕了書信的往來，只給自己寫點兒東西。他在恩加丁一直停留到了 9 月初，儘管這兒的物質條件極差，又沒有朋友在身邊，但書籍和音樂依然讓他感到很滿意。

沒過多久，尼采就將自己平靜的思想記滿了 6 本練習本。這些思想中，一種意想不到的沉迷將痛苦調和了。他很高興自己在徹底垮掉之前還可以訴說，有對事物、人性、高山和天空作簡單沉思所獲得樂趣的機會。

尼采將自己在這裡完成了的作品寄給了彼得·加斯特，並說：「我自己的作品業已完成，我十分高興，或許你能體會到這種心情。我很快就要到 36 歲了，幾千年前人們就說這個歲數是『生命的中午』，但丁在這個年齡時正富於想像。因此，我覺得自己已經垂垂老矣，我已經吐出了一大滴油，它將是對我生命的交代。

「至今為止，我的情緒還不曾為頻繁而又劇烈的疼痛所改變，相反地，我現在處於最快活、最溫和的極端。請從頭到尾認真讀一讀這部最新的手稿，看看文字裡面是否還流露出痛苦和沮喪的痕跡。我認為是沒有的，我肯定，一定還有著某種潛伏的力量存在我的思想裡面，這一點和那些反對我的人預料的不同，我想他們更願意看到的是一個沒精打采和軟弱無力的我。」

在這一時刻，尼采已經做好了迎接死亡的準備。他的心中又湧出了一種虔誠的感情，他想到了自己的家庭。

他在給加斯特的回信中說道：「我不會來，雖然歐維貝克和我妹妹都催我與你再聚，我還是不會去。我認為，在現在的這種

情形下，更合適的做法是與自己的母親、家庭和童年時代遺留的東西離得近一些。」

尼采希望在瑙姆堡享受一種完全平靜的生活，他想透過一些體力活來分散自己的思想。他租下了一座古老的城堡裡的一間大屋子。

在那裡，連高牆都十分古老，它的下面延伸著一片空地，尼采將這些空地出租給了別人，剩下的則自己耕種。但是，這裡的冬天非常嚴酷，尼采的眼睛無法適應耀眼的雪光，而他虛弱的身體也抵擋不住潮溼的空氣，在瑙姆堡只待了短短幾個星期，他在恩加丁短期休養獲得的健康又重新喪失了。

此時，加斯特修改了《漂泊者及其影子》的樣稿並將它出版了。歐文給尼采寫了一封信：「在看了你對人性的清晰而又不動心的觀察後，讓我們這些愛你、聽從你的每個字的朋友感到痛苦。」

1879 年 12 月 28 日，尼采在回信中寫道：

> 謝謝，親愛的朋友，我將你和我多年的友誼銘記於心。這是我在這個聖誕節收到的最珍貴的禮物。我的的身體又變糟了，痛苦又開始折磨我，我必須要忍耐、禁慾，對此，我自己也深感吃驚。

尼采將這種痛苦視作了一場考驗，他認為這是對他精神的磨礪並最終安然地接受了。尼采在病中發現了一個明確的真理 —— 病人沒有權利做一個悲觀主義者，尼采不信仰上帝，失去父親，沒有信仰，沒有朋友。他所有的精神支柱都源自他自身，而且他從不屈服。痛苦無法壓倒他，相反，他從中獲得了教育，並且激勵了思想。

辭職歸隱療養身體

　　尼采感到了死亡的威脅。1880 年 1 月 14 日，尼采想將自己最後的思想暗示給某些朋友知道，他寫了一封帶有訣別書性質的信給梅森伯格：「親愛的朋友，我的姐姐，我雖年紀輕輕，但已經垂垂老矣，請妳接受一個年輕老人的致敬，對他來說，雖然他想過死，但生活並非是殘酷的。」

　　19 世紀 80 年代第一春，正像復甦的萬物一樣，尼采並沒有真正死去；病情在慢慢緩解，天氣也漸漸變暖。他又一點一點地活過來了。好朋友保羅‧雷來看望他，為他朗讀，進一步激發了他的生之慾望。

　　尼采最終活了下來。保羅‧雷來探望他，給他朗讀，雷的探望成功地分散了尼采的注意力。天氣轉暖，那些會模糊視力的積雪也融化了。加斯特從去年到現在一直都住在威尼斯，他再三寫信邀請尼采前往。2 月中旬，尼采發現自己的身體正在好轉，他前往威尼斯的好奇與願望也重新復甦了。於是，他便立即動身了。

　　尼采在加爾達湖邊的裡瓦待了一個月，這期間他寫信給親人告訴他們自己的健康狀況正在好轉，這讓他的家人獲得了希望。

　　3 月 13 日，尼采到達了威尼斯，他的身體開始復原，而潛伏在他身上的危機則結束了。但是義大利的氣候有點兒悶熱，這並不適宜他的身體，而且他也無法接受那裡過於溫柔的和諧。

　　尼采是第一次來威尼斯，他立即被這個地方的魅力征服。古希臘傳統 —— 荷馬、泰奧格尼斯彷彿仍然展現在這座城市之中。尼采以前只是從書本上、文字上了解這一切，而現在是從

直觀上、活生生的人和物中感受著歷史。這給了他一種全新的視野。啊，威尼斯，這真是太好了！

　　加斯特一直細心照顧著尼采，他陪伴尼采散步，為他朗讀書籍，甚至彈奏尼采最喜愛的曲子。這段時間中，尼采鍾愛蕭邦，因為他從蕭邦的狂想曲中發現了一種自由無畏的熱情，這在德國藝術中十分罕見。

　　除了作為朋友之外，加斯特還成了尼采的祕書，他讓尼采恢復了工作的熱情，尼采每天向加斯特口述自己的思想，還馬上為自己的新集子選了一個《威尼斯的陰影》的名字。

頑強生命再現曙光

1880 年，尼采在威尼斯一直住到 6 月，其間他還到法蘭克福、海德堡一帶旅行。在這期間，包括在旅途中，他都不停地在寫他的新書，完成了第一部分的寫作。

威尼斯是美的象徵。它獨一無二，這種物理的奇蹟只能用精神的徵兆來作答。叔本華曾經說過：生命的本質是一種純粹的生存意志，每一個人都渴望長壽。尼采想，也許我們可以在此基礎上進行拓展，生命一直渴望著延伸和超越。它不要求保存而要求增長，它的本質是一種征服和提高。他覺得自己已經無限地接近答案了，面前是一個未知的世界。

到了 6 月下旬，天氣變得十分炎熱，尼采不得不離開威尼斯，轉移到地勢較高的恩加丁山谷，在那裡住了兩月，寫作新書的第二部分。這期間他給加斯特寫信說：「我似乎已經成了一個完全在地下工作的人 —— 此刻，我覺得自己好像已經找到了一條通道，一個洞口；我就這樣成百次地堅信，然後又成百次地失敗。」

7 月，尼采前往馬林巴德嘗試了溫泉治療。他停留在一個坐落在森林對面的小旅館裡，終日都在森林裡面散步。他全神貫注於思考，懷著極大的熱情去挖掘自己的精神寶庫。現在，他似乎已經找到了通道和出口，無數次地堅信能夠出去，但又無數次地感到失望。

9 月，尼采回到瑙姆堡，探望母親和妹妹。她們發現尼采的精神很好，談興很濃，全身洋溢著生命的活力。他和家人在一起度過了近年來少有的愉快時光。伊麗莎白在尼采的臉上看到了久違的歡樂。

回想起年初那痛苦可怕的情況，這一家人感到恍如隔世。

不過尼采沒有在家中待很長時間。10 月上旬，瑙姆堡惱人的大霧使尼采感到不適，不敢再待下去，於是又輾轉旅行，來到熱那亞。

10 月 8 日，懷著對霧的恐懼，尼采移居到了義大利，他停留在馬焦雷湖岸上的斯特倫薩。但他的神經受到了那裡氣候的影響，再一次被擾亂了。他也再一次意識到了外界環境對他的控制很大，他對這種情況感到了恐懼。他認為自己的第一要務就是要獲得健康，於是他離開了斯特倫薩，前往索倫托。

尼采途經熱那亞時，對這個地方一見鍾情，那裡的人民充滿了活力、簡樸而又快樂。雖然已經是 10 月了，可那裡還是和夏天的氣候一樣。那些矗立在小街上的堅固的宮殿讓尼采感到歡喜，這是為了紀念那些天性不受任何道德約束的海盜船上的商人。尼采是個富於想像的人，而這些宮殿讓這些人在尼采的心中得以復活。

這些人正好幫助尼采壓抑心中一直燃燒著的浪漫主義幻想。他和盧梭一樣，十分渴望回歸自然。尼采想在這種天性中求得治療靈魂的療藥和幫助其成長的養分。

尼采想待在熱那亞，他好不容易為自己找到了一個理想的住

頑強生命再現曙光

處。他為自己選擇了一個閣樓，需要爬上 104 級的樓梯，閣樓裡面有一張舒適的床，而對面則是一條陡峭難行的小路，平常人跡罕至，野草長在鋪路石間。

尼采現在的生活像他自己的住房一樣簡單，這是他很多夢想中的一個，現在實現了。他過去常常對自己的母親說：「普通人如何過日子？我也想嘗試一下。」

每次聽到這句話，他母親就會大笑：「他們以馬鈴薯、肥肉、劣質咖啡和酒為生。」

鄰居們生活節制，尼采效仿他們，吃住簡單，這樣的生活讓他思維敏捷。他向房東借了一盞酒精燈，並且在女房東的指導下，學會了烹飪意式燉飯、炸洋薊。

尼采在這幢樓裡非常受歡迎。每當他頭痛發作的時候就會有很多鄰居關切地前來看望。

晚上，為了休息那疲倦的眼睛，尼采就會熄滅燈火，伸展四肢躺在房間裡。鄰居們看到後都想：「這個德國教授真窮啊，窮得連蠟燭都買不起。」有人還主動上門送蠟燭。

對於這些好心人的行為，尼采表示感激，微笑著向好心人解釋了自己的境況。鄰居們稱呼他為「聖者，小聖人」。

他深感歡喜。他這樣寫道：「我想，如果我們中的一些人被放到 6 世紀至 10 世紀的半野蠻狀態中，那麼他們一定會被那些人當作聖徒一樣去尊敬，而他們崇高的原因僅僅是因為他們有節制、有規律、善良而又清醒。」

尼采對每一個健康的日子都感到驚訝，這便給這個正處在康復期的病人帶來了特有的快樂。

每天早上醒來的時候，他就從床上一躍而起，穿上衣服，往口袋裡塞進一本筆記、一本書、一些水果和麵包上路。

　　太陽一升起，尼采就來到海邊，找一塊靠近海浪的幽靜的岩石，撐起一把傘，然後躺在岩石上一動不動。他的眼前只有大海和純淨的天空，別無他物。他會花很長時間待在那裡，直至黃昏的最後時分。他那雙衰弱的眼睛很適合這種時光，眼睛能夠享受到這一點樂趣對尼采來說也是一種幸福。

　　這兒的大海可以讓尼采忘記城市。遼闊的大海伸展著，蒼白髮光，沉默無言。傍晚時分，天空在輝煌中閃閃發光，紅的、黃的、綠的色彩變幻著。海也沉默無語，那些凸入大海的懸崖峭壁也沉默無語，它們就像是想要尋找到最孤獨的所在。

　　尼采無數次讚美過這種時光：「在那時候，就連地位最卑微的漁夫們也划著金色的船槳。而我在這時光中花了一天的時間採集果實，在本子上記下了那些新產生的想法，用文學性或音樂性的語言把它們表達了出來。」

　　他重新開始了自己在威尼斯的研究：「什麼是人類的活力？其願望的最終目的是什麼？怎樣解釋其歷史的混亂和習慣的困境？」現在他尋找到了答案，那推動人抵抗自己的力量都源自一種殘酷而又野心勃勃的力量。

　　為了引導它，尼采不得不仔細分析和解釋了這一力量。這就是他給自己提出的問題，而且堅信總有一天會解決它的。他樂於將自己看作偉大的航海家，或者是那個手握測水纜，在珊瑚礁叢航行達 3 個月之久的庫克船長。

頑強生命再現曙光

在 1881 年這一年，尼采心目中的英雄是熱那亞人克里斯托夫・哥倫布，哥倫布曾經寫道：「……也許終有一天，太陽會向我們指明答案：我們也在向西前進，希望到達一個前人從未到達的印度，然而命中注定我們將滅絕在茫無涯際當中。否則，我的弟兄們，否則？」

尼采喜歡這段抒情文字，作為頌歌，他將它置於書末，他這樣寫道：「從前有哪一本書是用『否則』來結束的呢？」

1 月末，尼采完成了自己的作品，手的神經質和極差的視力讓他無法謄寫手稿。於是他把手稿寄給了彼得・加斯特。加斯特在 3 月 13 日謄寫完手稿，將它正式交給了出版商。出版商讀了原稿，但是卻沒能搞懂，他表示對這部作品沒有任何興趣。

4 月，尼采仍在熱那亞固執地等待書的校樣，他想要透過這部作品讓朋友們大吃一驚。他寫信給妹妹說道：「好消息，我將出版一本新書，這是一本決定性的大著作。它無時無刻不在振奮我的精神。」

5 月，尼采和彼得・加斯特再度相聚並一起前往了阿爾卑斯山腳下的威尼斯鄉村雷考羅。他開始對等待失去了耐心，而出版商的延誤使他無法梳理自己內心積壓已久的新思想。

尼采最後給自己的書選定了《朝霞》的名字，而這本書終於在 7 月出版了。

探索永恆回歸的學說

　　1881 年 7 月，尼采的《朝霞》出版了。他把《朝霞》視作對他疾病康復的一種鍛鍊，在各種願望和思想中獲得了娛樂，從中尋找到那種帶著惡意的或有趣的歡樂。

　　7 月中旬，尼采還住在威尼斯。夏日的到來使他不得不找到了一個更涼快的隱居地。他的腦海中依然記得兩年前在高高的阿爾卑斯上的那些山谷，那個地方是個可以提供休息和短暫快樂的宜居之地。他重新登上了這些山谷，回到恩加丁，就像當地的一個農民那樣，安頓在了鄉村裡。他在一個農民家裡租了一間屋子，而他的食物則由隔壁的酒店解決。

　　那個村莊裡幾乎沒有過往的行人，每當尼采想找人談話時，他就去拜訪教區牧師或者學校的校長。在他們的眼裡，尼采是個十分博學、謙遜並且慈善的人。

　　那時，在尼采腦海中盤旋的是有關自然主義哲學方面的問題。那時，斯賓塞建立的哲學體系成為了哲學圈子裡的流行物。尼采沒有跟隨潮流，他鄙視斯賓塞的宇宙進化論，這種學說穿著排斥基督教的外衣，實際上骨子裡卻有著對基督教的謙恭。

　　尼采曾經親耳聆聽過恩培多克勒、赫拉克利特、斯賓諾莎和歌德這些思想家的思想，他一直將這些思想家放在自己心中最高的位置，並感受到了一種偉大的新思想正在他的心中生成。

　　尼采需要的是安靜和獨處，並用強硬的姿態去捍衛著自己的孤獨。保羅・雷很欣賞《朝霞》，他想去恩加丁探望尼采，他在

探索永恆回歸的學說

書信中將自己的願望告訴給了尼采。但是尼采感覺自己的時間不多了，需要抓緊。於是伊麗莎白提前寫信將尼采的矛盾原原本本地告訴了保羅·雷，雷理解了尼采的心情，放棄了他的計劃。

最後，尼采終於找到了他想發掘的思想，在未發現這個思想之前，他曾經被自己內心強烈的預感激烈地攪動過。

一天，尼采外出散步，他穿過了西爾斯－馬利亞森林，這片森林一直延伸到了西爾瓦普拉納，隨後尼采在離蘇萊不遠的一塊錐形岩石下坐了下來。

此時此地，尼采的內心中想到了永恆回歸的思想：

> 時間總是在無限地延續，它將保持同種狀態的事物從一個時期帶到了另一個時期。既然這種在時間中的穿越是必然的，那麼同理，所有事物也會從時間中返回。
>
> 在整個時間過程中，在之前或之後許多無法預料、浩瀚而又有限的日子裡，肯定有個與我極為相似、事實上就是我自己的人，同樣坐在這塊岩石的陰影下，將再次在此時此地發現同一個思想。而且這個人無數次地發現這同一個思想，因為時間的無限使事物產生無數次輪迴的運動是無限的。
>
> 在這種情況下，人們就必須棄置前往天堂的希望，進行堅定的思考，因為沒有天堂，也沒有所謂的更好來世。我們只是自然的影子，重複盲目而又單調的人生，我們只是時間的囚徒。如果我們真的失去了希望，那現在我們生命的每一分鐘就都變得崇高而又激昂。
>
> 要是這種時刻永遠在回覆，那麼現在發生的每一件事就不再是偶然性的事件。它一直在時間的過程中無限重複著，連那些最微不足道的事物都會被賦予無限永久性的非凡價值。

由於自己發現的思想是如此富有衝擊力，尼采情不自禁地哭了。自己的努力並沒有白費。殘酷的現實沒有擊倒尼采，在面對悲觀主義時，他也沒有退卻，相反，在深入挖掘了悲觀主義的思想之後，尼采找到了最後的結論──永恆回歸的學說。

　　在接下來的幾個星期裡，尼采的生活經歷了狂喜和痛苦的大起大落。現在的尼采就像站在上帝面前等待接受天職的以色列先知們，他為自己的思考成果感到了驕傲，但同時他也面對著恐懼和顫慄。

　　尼采感覺無法承受，他怕自己一次又一次地經歷這種折磨，但從心底來說，他也熱愛這種折磨，並強迫自己接受了這種永恆回歸的思想：「照亮我的十字架，穿過我的光輝。」

　　8月14日，尼采給彼得‧加斯特寫信說道：「無數的思想浮現在了我心頭，我堅信這類思想。我總是能覺察到預感出現在我的腦海中。我所過的是一種非常危險的生活，因為組成我身體的零件隨時都有可能垮掉。我在為我自己的思想歌唱，口裡說著各種蠢話，我必須要把這偉大的思想奉獻給人類。」

　　現在時機成熟了，尼采接下來便可以開始建立作品框架了。他集藝術家、批評家和哲學家的種種天賦於一身，而這些天賦爭相將他引向了各個方向。他要做的是圍繞著詩和韻律來建立。尼采喜歡用詩的語言來轉化自己的自然觀，他願意將它們轉化成音樂和有節奏的散文。他繼續思考著：為什麼不可加一個富有人情味的先知的形象，一個英雄在自己的作品中呢？

　　「查拉圖斯特拉」這個名字突然出現在了他的腦海中，尼采想起這個波斯傳道士與火的傳播者。他很快便動了筆，在紙上寫下

探索永恆回歸的學說

了標題、副標題和 4 行文字，這幾句簡單的文字宣告了這部詩作
的誕生：

中午與永恆

── 一種新生活的標誌

查拉圖斯特拉出生在烏魯米亞湖邊，30 歲的時候，他離開了故
鄉，來到了阿里亞省，他在這裡度過了 10 年的孤獨生活，並創
作了波斯古經。

自開始創作以後，尼采就不再是進行簡單的散步與沉思了，
他一刻不停地傾聽和收集著查拉圖斯特拉的言論：

西爾斯─馬利亞

這是我坐著等待的地方 ── 卻沒有等待的對象，

在善惡之外，我享受著生活，

此刻的光和影，只有白天黑夜、湖泊、正午和沒有終結的時間。

那會兒，我突然有了兩個朋友，查拉圖斯特拉已經來到了我的身

邊。

9 月，恩加丁開始變冷，天氣突然變得陰冷多雪。尼采不得
不離開了那裡。

尼采開始了每一年都會經歷的長時間的消沉。以前，他不斷
思考著永恆回歸的問題，但是現在他卻沒有勇氣去面對這個問
題，他對這種可怕的思想感到恐懼。

9 月和 10 月的幾個星期裡，尼采 3 次試圖自殺。尼采從來都
不是個怯懦的人，他自殺的原因是為了阻止理智的毀滅。

尼采再次來到了熱那亞。但這裡的風很潮溼，而且這裡的秋季變幻莫測，氣溫十分低，這一切對於尼采來說都是一種考驗。

同時，另外一件事也加深了尼采的憂鬱：他的新書《朝霞》又失敗了。評論界根本就沒有關注過這部作品，他的朋友們也對這本書感到費解。

10 月 21 日，尼采在熱那亞給歐文寄去了一封信。但是歐文甚至連這封信都沒有回。《朝霞》失敗，是因為自從退出了華格納的圈子之後，尼采就被眾多人排斥，他沒有更多的朋友。

在讀者前面，尼采是孤獨的，而讀者也早已被他不斷變化的思想攪得不安起來。他堅持認為自己的作品生機勃勃，而這些作品一定能夠抓住讀者的心，繼而征服他們。但是這本書的每一頁都要讓讀者全力以赴，去解決謎團，這樣的內容讓讀者感到了疲倦。此外，德國公眾對散文藝術缺乏敏感，他們不善於抓住這本書的藝術特徵，他們喜歡的是那些節奏緩慢、深思熟慮的作品，因此這種始料未及的作品讓讀者沒有準備。

11 月的時候，天氣十分晴朗，尼采重新振作了起來。他漫步在熱那亞海岸的群山之上，再次來到了那塊岩石的邊上。他給彼得·加斯特寫信說：「我覺得自己在精神上是如此的富足，也為自己感到驕傲，我就像一位多利安王子。此時此刻，我只想念你和你的音樂。」

此時離拜洛特演出《尼貝龍根》已經有 5 年了，整整 5 年時間，尼采剝奪了自己享受音樂的權利。他害怕自己一旦縱情於音樂之中，就會重新被華格納藝術的魅力所俘虜。

在健康恢復的間隙，尼采去劇院裡看了戲。在那裡他看了

探索永恆回歸的學說

一遍羅西尼的《西密拉米斯》，還聽了四遍貝利亞的《裘麗亞特》。一天晚上，他出於好奇，還去聽了一部法國歌劇，當時他還不認識歌劇的作者。

尼采給加斯特寫信說道：「哇，我又有了一個令人欣喜的發現，那就是喬治·比才的歌劇《卡門》。他和梅里美的小說《卡門》一樣優雅有力，甚至有時還很動人。他是一個真正的法國天才，他沒有受到華格納的影響而誤入歧途，在現存歌劇中，我認為《卡門》是最出色的一部。只要我們還活著，它就會一直是歐洲的保留劇目。」

尼采再一次體會到了去年所享有的歡樂，他經歷了思想的黎明，現在正午升起了。12月底，尼采寫下了一組散文詩，他在文中對自己的良心進行了考察：

> 寫給新年，我還活著，我仍然保持著思考，我必須活下去，因為我還得繼續思考。我在故我思，我思故我在。今天是節日，每個人都有權利表達他的願望和他最隱祕的思想。
>
> 同樣，我也想表達我內心深處的願望，我首先要傾訴的是我的思想，這一年它一直都縈繞著我 —— 我選擇的這一思想是怎樣的思想啊！在我心裡，它就是未來生活的保證和甜美的源泉。每一天，我都把必須視作美 —— 這樣一來，我就是一個使事物變得美好的人。自此以後，我要讓命運之愛成為我的所愛。
>
> 我不願將醜陋的東西掛在心上。我不願指責別人，更不願指責那些總是指責別人的人。掉轉我的目光，讓這成為我唯一的否定。
>
> 一句話，我希望自己在任何情況下說的都是「是」。

初識露・莎樂美

　　1882 年 1 月分，整整 30 天的天氣都很晴朗。尼采想把《快樂的科學》的第四部奉獻給 1 月作為感謝。他給這本書取了一個名字叫《神聖的一月》。

　　2 月，保羅・雷經過熱那亞，他在那裡停留了幾天陪伴尼采。尼采將他帶到了自己最愛散步的地方，還帶他去看了那些布滿岩石的小溪，他說：「在那塊岩石那裡，大約 600 年或 1,000 年之後，後人們會為《朝霞》的作者豎立起一座塑像。」

　　接著，保羅・雷繼續前往了羅馬，與在那裡等他的梅森伯格見了面。尼采寫信給梅森伯格，在信中輕描淡寫地提到了華格納，接著他又給梅森伯格作了一個非常神祕的承諾：「因為我對自己的未來充滿了幻想，所以我相信從前在華格納作品中出現的最出色的東西就將持續出現在我的作品裡 —— 也許這是這場冒險中富有喜劇性的一面。」

　　初春時節的時候，尼采突發奇想，他搭上一個義大利帆船主的船，取道地中海前往了墨西拿。他在船上陷入到了疾病之中，但是在剛到墨西拿的日子裡，尼采還是十分高興的，他重新開始寫詩。也許是從加斯特譜成樂曲的那些歌德妙語中獲得的靈感，尼采的詩作多是即興之作或是警句。

　　尼采找到了一個風土人情和自然環境都很適宜創作作品的角落，那就是西西里。這裡和老荷馬所說的相差無幾，「這個居住

初識露·莎樂美

著歡樂的世界邊緣」是一處極為理想的避難所。西西里打動了尼采，讓尼采忘記了那裡的炎熱。

4月底的時候，西西里颳起了幾天的西洛可風，尼采再次陷入了被天氣折磨的痛苦中，他準備離開那裡。就在這時，梅森伯格寫了一封信給尼采，她急切地敦促尼采前往羅馬。

梅森伯格一直都關注著尼采，她一直都在努力地想改善尼采的命運。她理解尼采有著一顆纖細敏感的心，因此一直都試圖給尼采找一個好伴侶。這年春天，梅森伯格認為她已經為尼采找到了這樣一個女人。

梅森伯格碰見的那位俄國姑娘叫露·莎樂美，還不到 20 歲。她十分聰明，雖然她在容貌上不夠完美，但是這種不完美反而讓她有了高雅的氣質。

梅森伯格為莎樂美讀了尼采的作品，莎樂美讀了之後似乎理解了其中的思想。梅森伯格不停地在莎樂美面前談論這位非凡的男子，「尼采是一個為了保持自己的自由而可以犧牲友誼的人。尼采是一個非常嚴峻的哲學家，但又敏感多情，而且對他那些朋友來說，他保持孤獨的想法是被迫的，這完全來自於他的悲哀。」

莎樂美對尼采的事情表示出了很大的熱情和渴望，表現出想結識尼采的願望。

保羅·雷很早就認識了莎樂美，並對她很欣賞，梅森伯格在跟雷商量之後，便寫了信邀請尼采前往。

尼采到了羅馬，他在那裡聽到朋友們對莎樂美歌聲的讚美，

他還聽說這是位具有高尚情操的女性，她機敏勇敢，擁有自己的主見，是位舉止天真的女英雄。

尼采同意和莎樂美見面。一天早晨他們相約在聖彼得教堂，尼采在第一次見面的時候就被她征服了。很長的時間裡，尼采都沉浸在了沉思之中，孤獨讓他忘記了交談的樂趣。

莎樂美認真地聽著，表現出極大的興趣。她幾乎一直都在沉默，但是她敏捷的才思都在她平靜的神情、自信而又優雅的舉止和簡潔的語言中畢露無遺。

孤僻 —— 這是使尼采的外表引人注目的第一個強烈印象。粗粗看來，他的外貌沒有什麼驚人之處：中等身材，衣著很樸素也很乾淨，容貌安詳，棕色的頭髮簡單地往後梳著，人們很容易忽視他。

他的美麗的嘴唇極富表情，而向前梳的長鬚遮蓋了它。他笑的時候聲音不高，說起話來嗓音柔和，走路時小心謹慎，肩膀略向前傾，如果把這個形象放到人群之中，就顯示出一種孤立來。

尼采的雙手無比優美，不知不覺地吸引了人們的目光。他自己也相信，這雙手顯露了他的精神。他還給自己一對小得出奇、造型美觀的耳朵添加了類似的意義，說它們是「聽聞所未聞的事情的耳朵」。

他的眼睛也在不知不覺中說話。如果有時他被兩個人的交談所激動 —— 他經常是這樣 —— 就有一種動人的光芒在他的眼中閃爍著；而當他的心情不好時，從這雙眼中立即陰鬱地顯現出孤獨，就像一個令人恐懼的深淵。

初識露·莎樂美

尼采的舉動也給人一種隱居者和沉默寡言者的印象。在日常生活中他很講禮貌，有一種類似女性的溫柔，經常保持著一種沉著鎮靜的親切態度。同人交往時他喜歡並看重高雅的外表。可是這對他來說總含有一種化裝的樂趣 —— 一種幾乎永不裸露內在生活的外套和面具。

這都給莎樂美留下了極其深刻的印象。

尼采很快就喜歡上了莎樂美，他在梅森伯格面前這樣評價著莎樂美：「在呼吸短促的時間裡，她就可以把我的靈魂具象化。」

莎樂美也從尼采身上感受到了他那獨一無二的氣質，他們兩個長時間進行暢談，他在思想上表現出的力度甚至讓她無法入眠。

距離和尼采初次見面沒有幾天，莎樂美和她的母親就離開了羅馬。尼采和雷陪伴著她們，他倆都墜入了對這位年輕女子的愛河之中。

尼采對雷說道：「她簡直令人讚美，娶她回家吧！」

雷回答道：「不，我不能娶她，我堅持的是悲觀主義的哲學，生兒育女的世俗生活讓我反感，你自己娶她吧，她是最適合你的伴侶。」

尼采反對雷的意見：「結婚？絕不！我可能在任何事情上撒謊，但這件事絕對不可能。」

莎樂美的母親仔細觀察了這兩位男子，她看不透尼采，更喜歡保羅·雷。

這4個人在盧塞恩停了下來。尼采想讓莎樂美去參觀特里伯森，這是他認識華格納的地方。他把她一直帶到了花園中，花園

154

中有著高高的白楊樹，樹葉把整個花園都圍住了。他向她講述了那些無法忘卻的時光，他坐在湖邊，聲音低沉而又克制，對快樂的回憶令他感到痛苦。

說著說著，尼采突然間陷入了沉默，一直認真觀察著他的莎樂美突然發現，一行淚從尼采的臉上流了下來。

尼采對莎樂美很坦率，他對她講了自己過去幾十年的生活經歷，他黯淡的童年、牧師的房子、英年早逝的父親，以及他墮入宗教時虔誠的歲月，他對在一個沒有上帝的世界裡一個人必須決定活下去的恐懼，同時還有他是怎樣發現叔本華和華格納，以及他們在他身上激起的宗教情感……

說完後，他又表情嚴肅地補充了一句：「無論如何，比起原地不動來，回到過去的可能性應該更大一些。」

尼采還沒有向莎樂美表露自己的愛慕之情，他害怕當面進行的表白。之後，他在巴塞爾住了幾天，5月8日，他和歐維貝克一家碰了面，並興奮地告訴了他們這個消息：「一個女子闖入了我的生活，這是一種巨大的幸福，而且這將有利於我的思考，我的思維會更活躍，感情也會更豐富。」

但是，尼采卻不想娶露小姐，他鄙視一切肉體上的結合。

尼采在情感上的爆發讓歐維貝克一家深感憂慮，他們有一種不祥的預感。

最後，尼采收到了莎樂美不想結婚的答覆，她說自己剛剛走出一場失敗的戀愛，還沒有精力再一次談戀愛。但是她對尼采答覆：可以和他建立友誼關係和精神上的戀愛關係。

初識露·莎樂美

　　尼采立即回到了盧塞恩，他見到了莎樂美，希望用自己執著的勸告讓莎樂美回心轉意，但是莎樂美卻再次拒絕了。

　　7月分，她將前往拜洛特參加音樂會，她向尼采保證，等到音樂會一結束，她就會和他再聚，並跟他一起度過幾個星期。到那時候，無論尼采向她說什麼，她都會去做一個虔誠的聆聽者，她會像一個解放的信徒一樣嚴肅看待這位老師的最新想法。

　　最後，尼采只好接受了這些條件，尼采給她推薦了一本他的書《作為教育家的叔本華》。他對她說道：「讀一下這本書，這樣你就會對我的思想和行為有了心理準備。」

　　之後，尼采離開巴塞爾，回到了德國。他曾經在墨西拿認識了一個瑞士人，這個人在他的面前讚嘆柏林附近的格倫瓦爾德，他說那裡有著非常優美的景色，於是尼采想去那裡居住。

　　尼采去了格倫瓦爾德，那裡的環境讓他感到非常滿意，但同時他也親眼看到了一些令他很反感的柏林人。那裡的人都沒有讀過他的最新作品，完全不知道他的思想。他們只知道尼采是保羅·雷的朋友，而且他們都把他當作了保羅·雷的徒弟。

　　尼采對此十分不滿。他立即離開了柏林，前往瑙姆堡待了幾個星期，在瑙姆堡他口授了他即將發表的手稿《快樂的科學》這篇文章。他對母親和妹妹提到了莎樂美，他所表現出來的快樂很令她們驚訝，顯然，他在莎樂美的身上看到了幸福。

與露・莎樂美分手

1882 年 7 月 27 日，是《帕西法爾》在拜洛特再次演出的日子。尼采來到了離拜洛特不遠都靈森林區的陶頓堡鄉村，他在這裡安頓了下來。

他所有的朋友已經提前到達了拜洛特，唯獨他缺席了這次聚會。梅森伯格曾試圖修復兩人的關係，她當著華格納的面提到了尼采的名字，但是華格納立即要她閉嘴，接著他走出了房間，重重地摔上了門。

尼采不知道發生過這些事情，他繼續停留在森林裡。已經抑制住了內心的疑慮，他的精神已經被一種偉大的思想深深地激勵，而且愛情也正在激勵著他的心靈。莎樂美剛剛獻給他了一首詩，她想用這首優美的詩歌來象徵著他們精神上的共鳴。

彼得・加斯特讀了這些詩句，他看到這些語言還以為是尼采寫的，尼采對此感到很高興。他寫信對彼得・加斯特說道：「不，這不是我的作品。這篇詩作讓我感到驚心，這是令我驚心的眾多事物之一，它總是讓我流淚，它所帶的音調是我期待已久的，自孩提時代我就盼望著這樣的音調出現。這首詩的作者是我的朋友露，你應該還不認識她。她的理智就像鷹的眼睛一樣銳利，還有著獅子一樣的勇氣，同時她又非常女性化，也許還像一個小姑娘一樣幾乎不會生活……」

尼采最後一次讀了原稿，將它交給了出版商。書中龐大的容量、過於簡潔的文字和幾乎還不成形的結構讓朋友們大為挑剔，

與露·莎樂美分手

他在他們的評價中聽到了他所預料的他們必然要說的意見，他感激地回答了他們。但是，從內心裡，尼采還是無法接受自己的作品「毫無價值」這種說法。

《帕西法爾》再次獲得了成功。對於這則消息，尼采用嘲笑表示了歡迎，他寫信對彼得·加斯特說道：「卡利奧斯特羅萬歲！這個像巫師一樣的傢伙居然再一次取得了奇妙的成功，這個結果讓那個上了年紀的紳士嗚咽著哭了。」

音樂會一結束，伊麗莎白陪伴著莎樂美前來與尼采重聚。她們倆與尼采住在了同一家旅館。

莎樂美已經在拜洛特看了這出帶有基督教神祕的戲劇，她從劇中看到人類的悲哀史是一場來來回回的考驗，但她最終卻在考驗中得到了祝福的安慰。但是，尼采則給她講授了另外一種神祕劇，這種劇較之前的一種則更具悲劇色彩：

> 我們生活和命運本身就是痛苦，超越是不太可能的，我們要做的僅是比任何時候的基督徒都更徹底地接受它。
> 我們要把它當作信仰來信奉，面對它，我們需要有積極的愛，讓我們來承襲它的熱烈和無情，在對待自己和別人的時候都用冷硬的態度，無論它是如何的冷酷、野蠻，我們都要接受它。貶低它的行為是懦弱的，讓我們去接受永恆回歸的象徵，這樣我們就可以鍛鑄自己的勇氣。

莎樂美創作了一篇簡短的頌歌，並把它獻給了尼采。

> 就像朋友之間的深愛，
> 我深愛著你，生活是多麼神奇！

因為你我有了流淚歡笑，

將我的情緒傳遞給你，

我的感情中有著歡喜與苦痛，我愛你。

如果你必須要毀滅我，

我會忍痛離開，

就像朋友掙脫了朋友的臂膀，

我將自己全部的力量用於撫愛你，

難道你不能給予我其他的歡樂？

儘管如此，我仍然與你共同分擔著苦痛。

尼采被這份禮物打動了，他希望用另一份禮物來回報她。在過去 8 年的時間裡，他禁止自己進行音樂創作，如今他打破了這個禁令，他譜出了一首如泣如訴的讚美曲，而歌詞就是莎樂美的詩作。完成之後，尼采心力交瘁地再度躺到了床上進行休養。

莎樂美完全沒有意識到尼采在感情方面要求具有如此的強度和高度，她對此大為恐慌。她在提議做朋友的時候，從來沒有預料到這場友誼的危機要遠甚於愛情。她強制自己完全贊同他所有的思想，但是她卻拒絕這種苟同：理智不可能像感情一樣，能夠毫不保留地奉獻。

莎樂美自負般的保留觸怒了尼采，8 月 20 日，他在信中這樣寫道：「露還要在這裡陪我一個星期，她是最聰明的女性，我們每 5 天就會發生一場悲劇性的小爭執。現在，她的荒唐程度要更加嚴重了。」

莎樂美離開了陶頓堡，尼采繼續和她保持著書信往來，他在信中詳細地講述了自己的工作和計劃，他說自己想去巴黎或者維

也納研究自然科學，並在這基礎上深化永恆回歸的理論。

尼采還給莎樂美講了《生命頌》一曲的成功之處，創作靈感來自她的詩歌，他已經請音樂界的朋友對這首曲子進行了評定，並且希望可以找到一個管絃樂隊的指揮來聽聽這首曲子，對此他像往常期待自己的作品出版一樣熱心。

9 月 16 日，尼采自萊比錫寫信給彼得·加斯特說道：「露將要在 10 月 2 日來到這兒，兩個月後我們將前往巴黎，我的計劃是，我們將在那裡待好些年。」

尼采的母親和妹妹在這件事上對他進行了責備，但他卻不以為然。

兩個月之後，莎樂美來到萊比錫赴約，她找到了尼采，但是保羅·雷陪在她身邊。顯然，她希望尼采能夠理解自己那對他那自由而不盲從的友誼，他們的關係只是在感情上的共鳴，而她，不想付出理智上的效忠。

這件事讓尼采變得憂鬱多疑起來。一天，他看到雷和莎樂美兩個在一起小聲地談話，他立即從這種行為中判斷出他們正在嘲笑自己。

有一次，雷、尼采和莎樂美一起去照相。莎樂美和雷對尼采說：「我們拉著童車，你坐到車中，這象徵我們三人的聯盟。」

尼采拒絕了這個提議，他說：「我不同意，坐在童車中的應該是露小姐，讓我們兩個男人來握車把。」

很快，尼采便產生了一個更為殘酷的想法。他認為莎樂美和雷在一致反對他自己，而他們一致性的原因只可能是他們彼此相

愛，但他們卻同時在欺騙他自己。自從有了這個想法後，周圍的一切在尼采的眼中都變得無聊可憎。

接著，尼采渴望已久的精神上的奇遇被一次可悲的衝突結束了。他在莎樂美面前詆毀雷，他說：「雷是個才智出眾的人，但是他內心虛弱，缺乏目標，造成這種麻煩的源頭是他所受的教育，每個男人都應該擁有戰士般的品格，而每一個女人都應當或多或少地被培養成一個戰士的妻子。」

伊麗莎白本來就對莎樂美小姐沒有好感，所以她的參與更助長了尼采的懷疑和怨怒。她的解決方式十分粗魯，她未經尼采授權就冒著哥哥的名義寫信給莎樂美：

> 妳的口氣看起來就是一個憤怒的小學生。在這種爭吵面前我應該怎麼做呢？請妳理解我，我希望妳所做的能讓我看重妳，而不是再讓我小瞧妳。
>
> 妳對我問題的解答實在是太慢了。還在盧塞恩的時候，我就已經將我年輕時的那篇論作交給妳了，我相信妳已經讀了，妳還對我說「不」。妳應當理解我，我現在只是認為妳寫的那首《獻給悲哀》實在是謊言。
>
> 只有我一個人看清楚了妳身上的優點和缺點。像妳這種人，只有那種具有崇高目標的人才受得了。
>
> 妳缺乏尊敬、感激、虔誠、禮貌、讚美和敏感，我們現在姑且不談其他，單就勇敢這一品性來說，妳勇敢嗎妳你不會背叛嗎？
>
> 難道妳絲毫沒有覺察到，當一個像我這樣的男子靠近妳時，他需要在妳面前保持極大的自制力嗎？妳所接觸到的是所有男人中最寬容和最仁慈的，但是請妳牢牢記住，我憎惡狹隘的利己主義

與露‧莎樂美分手

和可恥的軟弱。我是世界上最容易被憎惡所征服的。無論從何種角度出發，我都不會讓自己再一次被騙。我看出了妳身上有著崇高的利己主義，這種利己主義強迫我們服務於自己心中最高的東西。

永別了，親愛的露，我將和妳訣別。希望妳好好保護自己的心靈不讓它被相似的行為侵襲，同時祝願妳在別處受到歡迎，雖然妳的品行在我看來已經無可救藥。

我沒有讀完妳的信，我已經讀了太多了。

莎樂美被伊麗莎白這封粗暴的信件激怒了，而這封信導致了與尼采最後的破裂。

隨後，尼采便離開了萊比錫。

創作《查拉圖斯特拉如是說》

1882 年 10 月，尼采離開了萊比錫，他在途中經過了巴塞爾，去拜訪了歐維貝克一家，他們耐心地傾聽了尼采的抱怨。

尼采最後的夢幻已經破滅了，夢驚醒之後尼采痛苦地發現每個人都背叛了他，他不停地在嘮叨，宣洩自己苦澀的怨怒。

歐維貝剋夫婦誠摯地邀請尼采跟他們一起待上幾天，但尼采很快便又逃離了。離去之前對他的朋友說道：「從今天開始，我真的是一個人了。」

接下來，尼采在熱那亞逗留。但這裡的寒冷和疾病讓他痛苦不堪，因此他在那裡停留了片刻，沒過多久，尼采離開了這個城市，他沿著海岸繼續前進。

當時，內爾維、桑塔瑪格麗塔、拉帕洛、左格里這些地方人跡罕至，旅遊者很少到這些陌生的地方來。這裡的居民大部分以打魚為生，每天傍晚，他們便將他們的三桅帆船拉進海灣深處，他們會在岸上邊織網邊唱歌。這些絕妙的方式被尼采看在了眼裡，他想用這裡優美的景色來貶抑自己的痛苦，他很快就選擇了其中最優美的拉帕洛作為自己的停留地。

尼采在一個小旅館內找到了一個房間，旅館面臨大海，夜晚的海濤聲傳來，都會讓他無法入睡。但是正是在這個讓尼采十分不舒服的冬季，他創作了他那高貴的查拉圖斯特拉。

每天清早，尼采都會在一條風景宜人的山間小道上攀行，這條小路往南通向左格里，掩映在一片松林之間，走在小路上可以

創作《查拉圖斯特拉如是說》

俯瞰浩瀚的大海。晚上,他沿著整個海灣散步,這個海灣從桑塔瑪格麗塔延伸到了菲諾港……正是在這兩條路上,尼采構思著整個查拉圖斯特拉的第一部分。

這部詩作花了尼采 10 個星期的時間。尼采在永恆回歸的基礎上創作出了這部作品,但是在第一部分,他並未表露永恆回歸的觀念。尼采遵循了一種超人的思想,這種思想更改萬物的真正進步,甚至可能擺脫偶然和命運的承諾。

查拉圖斯特拉的出現宣告了超人的來臨,他預言了喜訊。在自己的孤獨中發現了幸福的希望,而尼采自己也總是懷著這種希望。

此時,尼采知道了怎樣利用抒情價值了;也許在接受了自己兩個朋友的背叛之後,他抑制了自己禁慾主義的想法。他一直在自己身上體驗其思想的效力。由於他自己都無法忍受這種殘酷的象徵,因此他認為自己不能把這一象徵真誠地奉獻給人類。於是,他創造了一種新的象徵,即超人。

尼采希望超人成為信仰,這是他的希望,並符合自己作品的構思。他希望的是用作品來回擊作品,他想用自己的作品回應《帕西法爾》。尼采想要描寫的人性同華格納想要描寫的一樣,但他的解脫方式不是聖餐的神祕色彩而是靠對人類自身精華的歌頌,靠極少數精選出來的心甘情願的人的美德,人類的血液都是被這種美德純化和更新的。

《查拉圖斯特拉如是說》遠不止是對《帕西法爾》的一次回擊。他希望成為人類活動的引導者,他希望創造人類的道德,向

全人類公平地分配責任的戒律，以此把弱小者和強大者帶向崇高的命運。

現在尼采到了 38 歲這個具有轉折性和決定性的時刻了，他又想起了自己的願望，他不再滿足於永恆回歸的思想，人類囚徒一樣生活在盲目的自然界裡的情況讓他感到無法忍受。相反，他現在感興趣的是超人的思想，因為它代表著一種行動的原則，一種拯救的希望。

尼采的思想素來都是激盪並且來去飄忽的，連他自己對這些思想都是丈二金剛摸不著頭緒，有時候，超人對他而言是一種相當嚴肅的真實；可更多的時候，他似乎不喜歡那種沒有誇張的信念。超人主要是一個抒情詩人的夢想和謊言。

尼采眼中的人生總是可怕而又痛苦的。他整日生活在憂鬱和積怨之下，仍然對自己經歷的坎坷心懷恐懼，每當想起這些的時候，尼采就會召喚自己高貴的英雄，安詳的查拉圖斯特拉，在他身上獲得慰藉。

尼采依然持續著自己的創作。每天他都在不斷地更新著自己的智慧，同時還讓自己不斷上升的希望被抑制、撲滅和欺騙，靈魂在此過程中走入了平靜充裕的境界。

這篇文章呈現了沉著平靜的文體風格，這對於尼采來說是一種勝利，因為他成功地抑制了自己的憂鬱，他讚揚了人類的力量和擴充，而不是獸性和進攻。

1883 年 2 月的最後幾天，尼采被自然主義思想所激發，創作出了最後的也是最優美最虔誠的篇章：

創作《查拉圖斯特拉如是說》

兄弟們，我懇求你們，懷著深愛的心對大地忠誠吧，讓你們的愛
和知識與大地心意相通吧！

不要讓你們的道德遠走高飛，不要試圖和永恆作戰，那只是徒
勞。哎，總是有如此多的道德誤入歧途。

都和我一樣，把迷失方向的道德帶回大地，把道德賜還給生命，
這樣的話，道德就可以賦予大地人的意義。

正當尼采在熱那亞海灣進行創作時，噩耗傳來，華格納在威
尼斯去世了，這個消息讓尼采感到心情沉重。他從自己的創作和
華格納的去世中看出了一種一致性，他認為這是天意。

此前 6 年多的時間裡，尼采跟科西瑪·華格納沒有任何書信
往來，但是現在他必須要寫信告訴她，昔日時光依然深藏於他的
心中，而老師的去世讓他跟她一樣同感悲痛。

2 月 14 日，尼采寫信給出版商施邁茨勒：「我將這部書獻給
全人類，但我相信無人能夠讀懂它。與其說它是一部詩作，我倒
認為它更像是第五部福音，或者是某種無以名之的東西。至今為
止，在我所有的著作中，它是最嚴肅最快樂的一本，它面向所有
人開放。」

在給梅森伯格和彼得·加斯特的信中，尼采這樣寫道：「今
年我依然會隱居，保持深居簡出的狀態，拒絕任何社交活動。我
要直接從熱那亞到西爾斯去。」

但尼采畢竟不是查拉圖斯特拉，他身體虛弱，熱愛卻又懼怕
孤獨。出版商施邁茨勒在幾個星期之後依然沒有給予答覆。這讓
尼采感到焦躁不安，於是他就改變了夏天隱居的計劃，回到了人
群之中。

此時，伊麗莎白和梅森伯格正在羅馬，她猜想，此時的尼采身體疲倦適合接近，於是她趁機與哥哥達成了和解。

　　尼采沒有拒絕妹妹的和解，於是答應前往羅馬。

　　尼采一到達羅馬，他的老朋友便立即把他引進了上流社交圈。那裡有倫巴克、伯爵夫人唐霍夫。

　　尼采為這種交際感到苦惱，因為他和這些歡快的交談者完全不是一路人。在他們中間，他似乎來自另一個世界，他們不明白他的意思，認為他是一個古怪、奇特並且偏執的人。

　　人們的反應讓尼采感到極為震驚、不安和屈辱，並為自己摯愛的兒子查拉圖斯特拉的前途而感到憂慮。

　　尼采幾次詢問：「為什麼出版商施邁茨勒遲遲不付印《查拉圖斯特拉如是說》？」

　　後來尼采得到了答覆：必須學校先印行 50 萬本聖歌集。

　　尼采只好繼續等待，幾個星期之後仍然沒有消息。尼采再次詢問，得到的卻是另一番託詞：在聖歌集之後還有大批反猶太人的小冊子要印，以便這本小冊子在全世界發行。

　　5 月，《查拉圖斯特拉如是說》付印依然遙遙無期。尼采為此大動肝火，這位偉大的英雄竟然被虔信主義和反猶太主義這兩種陳詞濫調阻撓住了。

　　書籍無法出版讓尼采感到洩氣，他不再動筆，而且還將行李連同隨身攜帶的足有 104 公斤重的書籍和手稿留在了車站。他討厭羅馬的一切。

　　尼采強烈地想要離開這個城市，想住到阿奎拉去，他在那裡巴貝里利廣場一幢房子的頂樓尋找到了漂亮的房間，位置極好。

創作《查拉圖斯特拉如是說》

同時那個房間可以讓人忘記自己身處於城市：廣場上的泉水從一個半人半魚的海神頭角裡流出來，水聲淙淙，將繁雜的人聲淹沒了，同時被淹沒的還有尼采的憂鬱。

6 月初，《查拉圖斯特拉如是說》終於出版了。尼采寫道：「書的出版讓我感到非常激動。我現在處於令人愜意的上流社會中，但是只要我離開人群，獨自一人，激動的情緒就會湧上我的心頭。」

但是，朋友們談論這本書的極少，評論界幾乎未提起過這本書，沒有一個人對查拉圖斯特拉感興趣。伊麗莎白和梅森伯格兩位基督教的虔誠信徒在看了書之後說道：「書中所說的讓人多麼痛苦啊！」

尼采在給彼得·加斯特的信中說道：「她們都說我言論過激，但是我自認為我的書是如此的溫和。」

6 月 22 日，在種種打擊之下，尼采離開了阿奎拉前往恩加丁。伊麗莎白準備返回德國，因此她與尼采同行。在這幾個小時的旅行中，尼采心情愉快，才思橫溢。他在路上進行了即興創作，在妹妹的建議下，他創作了限韻詩，為了避免別人打擾他的歡樂，他在每一站都請衛兵進行了護送。

在恩加丁，孤單的尼采靈感迸發，只用了 10 天時間就寫出了作品的第二部。

這一部分的內容滿帶痛苦，「我不能大材小用。」這是查拉圖斯特拉的口頭禪，他從不將對手放在眼裡。他在世人面前是個善良的施主，但是沒有人認真傾聽他的談話。尼采決定讓查拉圖

斯特拉轉換語氣，他在筆記本上記下了短促的話：「查拉圖斯特拉是法官，他是正義的化身，他要進行改革，而改革的結果便是摧毀。」

轉變為法官的查拉圖斯特拉說出的話滿帶侮辱和哀悼，尼采曾經嘲笑過那些古代的道德戒律，他想在廢除它們的基礎之上建立自己的律法，他這樣寫道：「超人的品質越來越明確。」

這是他的希望，但是就連他自己都在被痛苦和狂暴的情緒所俘虜，他所讚揚的道德是不加掩飾的赤裸裸的力量，擺脫了傳統道德法則的削弱、改變或征服力量。他總是屈服於這種作用於他的誘惑力。

查拉圖斯特拉如是說，熾熱的太陽帶來的奇觀讓我目不轉睛，我歡欣鼓舞。它們是猛虎、是棕櫚、是響尾蛇，真的，即使邪惡也有將來，但可憐的人類還沒有找到自己的正午。終有一天，那些偉大的龍會降臨世間，你們的靈魂遠離偉大，以至於你親眼看見超人時，會發現超人的美德是如此的可怕。

尼采在這一頁加了著重號，也許尼采想用語言掩蓋其思想上的困境：查拉圖斯特拉必須首先完成法官和虛弱的消滅者的責任。他要身先士卒。

在此，尼采的思緒又回到了他在第一部分取消了的永恆回歸的思想。他將它從一種精神生活的訓練，一種啟發心靈的過程改造成了一把錘子，他自己給它的新定義是一種道德恐怖主義的工具，一種消除夢幻的象徵。

登上了語言的巔峰

1883 年 6 月 24 日，尼采前往西爾斯，7 月 10 日前，他給妹妹寫了一封信，請求她立即去找出版商施邁茨勒，並說讓她跟施邁茨勒交涉安排一下這些事。

伊麗莎白很好地完成了哥哥的囑託，施邁茨勒作出了保證，並立即付諸行動。8 月，他給尼采寄去了校樣，但是此時心力交瘁的尼采已經沒有足夠的精力校對了，所以他把這工作交給了加斯特和妹妹。

尼采另外一些煩惱是因為伊麗莎白引發的，這件事又喚醒了去年夏天的那種不和。尼采和妹妹是在春天和解的，那會兒，他就曾對伊麗莎白說過：「答應我，不要重提莎樂美和保羅·雷的事情。」伊麗莎白對這件事保持了 3 個月的沉默。但僅僅 3 個月之後，她就食言了，開始舊事重提。

尼采被這件事激怒了。他給保羅·雷寫了一封信：「真是太晚了，整整一年之後，我才得知你在去年夏天的事件中扮演了什麼角色。一想到多年以來你一直自稱是我的朋友，但實際上你卻是如此陰險狡詐的騙子和流氓，我的內心深處就充滿了憎惡。我認為你簡直是在犯罪，這種犯罪不僅是針對我，還是針對友誼，針對這個空空的字眼『友誼』。」

尼采開始寫信抱怨朋友們的背叛和自己的單身。歐維貝克對尼采的情況感到越來越擔心，他來到西爾斯－馬利亞看望尼采，希望透過陪伴使尼采從傷害和吞噬著他的孤獨中轉移一下。

伊麗莎白向哥哥建議道：「你的孤獨是事實，但難道你的孤獨不是自找的？去某個大學求職吧，當你有了頭銜和學生，人們就會承認你，你的作品就會有讀者了。」

尼采聽從了妹妹的建議，還給萊比錫大學的校長寫了信。那位校長對他進行了勸告，德國沒有一所大學會允許其老師隊伍中出現一個無神論者，尼采公開宣布反基督的行為將不能得到理解。

尼采寫信對彼得‧加斯特說道：「這種答覆令我勇氣倍增。」

9月，尼采回到了瑙姆堡，打算在那裡住幾個星期。此時，母親和妹妹正在爭執。伊麗莎白愛上了一個叫福斯特的德國民族主義者和反猶太主義者，那時他正在巴拉圭創辦一項殖民地事業。伊麗莎白想和他組建家庭，母親則想要阻止她。因此尼采的歸來讓尼采母親感覺是找到了救星，她將伊麗莎白的打算告訴了尼采。

這個消息讓尼采完全蒙了，尼采鄙視福斯特身上那種靠宣傳激發起來的低級乏味的感情，同時他更加懷疑這個人曾對自己的作品潑過髒水。而他的妹妹竟要和這個人結婚，這是他萬萬不能接受的。他惡狠狠地把妹妹教訓了一通。

但伊麗莎白毫不示弱，在言辭上頂撞他。

深秋的時候，瑙姆堡大霧瀰漫。尼采離開了那裡前往熱那亞。和妹妹的爭執讓他的自尊心大受打擊。

11月中旬快來的時候，尼采離開了熱那亞沿著西海岸前進，他經過了聖萊摩、門托尼、摩納哥，最後在威尼斯停了下來，這裡的景色讓他陶醉，而那裡還有新鮮的空氣和充足的光線，這是

登上了語言的巔峰

必不能少的晴朗的日子。他寫道：「光，光，光，我在光裡重新得到了平靜。」

但是威尼斯是一座世界性的城市，這讓尼采深感不快。所以，他一開始在威尼斯這座古老的義大利城市裡租了一間屋。鄰居們中有工人、泥瓦匠、職員，他們全說義大利語，淳樸可愛，快樂的情形讓他想到了自己 1881 年在熱那亞的場景。

尼采丟掉了心裡各種想法，全身心投入到了《查拉圖斯特拉如是說》的創作中。《查拉圖斯特拉如是說》是一部龐大的作品，尼采想讓它成為一部能夠蓋過華格納所有詩篇的詩作；它必須是能使《聖經》被人遺忘的福音書。尼采還想對各種道德及其目的進行宣告：「是我規定 1,000 年的價值。」

尼采對各種幻想進行創造的天賦將把愛或恨、善或惡強加於人類的想像之上，但是他也認識到了其中的困難所在。在作品第二部分的最後幾節裡，他坦率地承認了這一點。

查拉圖斯特拉說：「我看到了絕頂，同時我的手卻不得不抓住並棲息於 —— 空虛之上。我深處於危險之中。」

尼采想讓自己的工作進入高峰。因為在夏天，他感到了高懸於其頭上的悲劇性的威脅，而這個威脅還在步步逼近。他急切地想要完成一部能夠最終拿得出手的、表達其最後願望和思想的作品。他曾打算只寫 3 個部分的詩作內容，可是現在 3 個部分已經完成了，他卻依然沒有表達出自己想要表達的東西。

尼采沒有打過草稿，因此查拉圖斯特拉不得不近距離地出現在了人們面前，他宣揚永恆回歸的思想，扶強凌弱、摧毀人性的

原始方式。查拉圖斯特拉是立法者，因此他完成自己的職責，定出了規則表，最後，當他沉思其作品的時候，在同情和歡愉中死去了。

8月，尼采為自己的作品設想了一個結局。當時他煩躁的心境影響了他的作品。現在他不得不重新開始起草，並想盡力把它寫得最好。

尼采尋求的是一種成功的結局。他的詩作建立在兩個基礎之上，永恆回歸和超人。但這兩種象徵在結合時會產生一種誤解，從而導致作品永不終結。永恆回歸的思想會抑制所有希望，它是痛苦的，而超人則象徵著希望和幻覺。這兩個象徵完全相反，毫無過渡，中間產生了一個十足的矛盾。

尼采寫了第二份草稿，這份草稿相當巧妙。他保留了同樣的場景、人物和起因，唯一變動的便是查拉圖斯特拉的身分，這一次他是以一個施主的身分出現的，而他的宣告則顯得謹慎。首先，他提出並使人們接受了他的法則，接著，在法則的鋪墊之下他才宣布了永恆回歸。

查拉圖斯特拉詳細解釋了自己的法則，人們接受了這個法則。他用祈禱者的虔誠語氣對群眾進行宣講。

他說：「你們可願永久輪迴這一刻？」

眾人皆答：「是的。」

查拉圖斯特拉在快樂中死去。

「查拉圖斯特拉緊緊擁抱著世界死去。雖然大家都保持沉默，但是大家都知道查拉圖斯特拉死了。」

登上了語言的巔峰

　　這個結局很美好。但尼采很快就發現了它過於美好。他開始質疑這種快速建立的柏拉圖式的貴族政治。權衡之後，尼采放棄了新計劃。他不贊同這種積極的人生和查拉圖斯特拉的這種死亡。

　　尼采一直想要創造經典，歷史著作、有體系的著作或是一部詩作都可以，他希望他的作品能夠與他的精神導師古希臘人的作品相媲美。但是他空有雄心，作品都未能成形。

　　1883 年年底，在這部沒有結果的作品中，尼采沒有找到自己的道德理想，又沒法創作他的悲劇性的詩作。與此同時，他的作品的前兩部都失敗了，他的夢想灰飛煙滅，他只能眼睜睜地在一旁站著，毫無辦法。

　　1884 年 1 月分出現了難得的好天氣，這使尼采重新振作起了精神。他又突然開始即興創作，他的作品中沒有城市、沒有群眾、沒有法則，只有他混亂情緒所投射出的抱怨、呼籲和道德碎片，彷彿是他在自己那部偉大作品的廢墟中撿到的碎片。

　　這就是查拉圖斯特拉的第三部分。這部分中查拉圖斯特拉的生活完全是尼采的投影，他隱退到了山上，孤獨地生活。他自言自語，欺騙自己，忘記自己還是個人。他深知自己身體內有種奇特的人性，無論他恐嚇還是忠告，這種人性都既不害怕他也不傾聽於他。

　　他慫恿它輕視傳統道德，崇拜勇氣，熱愛力量和新生的一代。但是這種人性卻並不接受他的規勸。沒有聽眾，他感到悲哀，渴望死亡。接著，生命女神由於對他死亡的渴望大感吃驚而來到了他的身邊，為他打氣。

查拉圖斯特拉聽著生命女神的責備，臉上帶著微笑，內心卻在猶豫。最後他說道：「你說的沒錯，但是你也知道……」他們彼此凝視一陣，接著查拉圖斯特拉在生命女神紛亂、乏味的黃鬈髮覆蓋的耳邊說了一些話。他說：「我死了又有什麼關係呢？一切都不可分離、調和，因為每一時刻都會在未知的時間裡重複，每一時刻都會永恆。」

　　女神答道：「你知道了什麼，查拉圖斯特拉？你了解了別人不知道的東西。」

　　他們的目光再次相遇了。他們看著腳下綠色的草地，夜的涼爽在草地上瀰漫。他們哭泣，接著古鐘聲在山間敲響，他們深知這種提示時間的鐘聲代表著 11 條諺語。

　　接著，查拉圖斯特拉起身離開。安全感、溫和與力量都重新回到了他的身上。他高舉旗幟，且歌且行，向山下的人們走去。而這支由 7 個章節組成的讚歌在一組類似短詩的句子中結束了。

　　詩作的開篇，查拉圖斯特拉走進那個大城市開始傳道，他把它稱作色彩斑斕的奶牛。在第三部分的結尾，查拉圖斯特拉又重新來到了這個大城市，開始傳道。而尼采這個屢屢被擊敗的勇士，在艱苦努力了兩年之後，已經感到畏縮了。

　　尼采在寫作《查拉圖斯特拉如是說》的時候並沒有刻意雕琢，苦心經營一種音樂般的語言。沒有，他是自然而然得到的。

　　「一切都是在無意識的情況下發生的，但卻像是發生在一場自由感、絕對性、權力、神性的風暴中……形象和象徵的無意識乃是最令人奇怪的東西。用查拉圖斯特拉的話來說，這一切就像是

登上了語言的巔峰

事物自己走向前來，自願充當象徵似的。我毫不懷疑，我要回溯數千年才能尋覓到那個有權向我說，『這也是我的經驗』的人。」

「在查拉圖斯特拉以前，沒有智慧、沒有對心靈的研究、沒有說話藝術可言。因為最熟悉、屢見不鮮的事物，如今說出了聞所未聞的事情。詩句，因熱情而顫慄；雄辯，譜成了音樂的樂章；閃電，提前朝著迄無人知的未來迸射。以往最有力的象徵力，同語言形象化的自然回歸相比，都顯得貧乏和無足輕重。」

從創作來說，這是一個作家的靈感爆發達到最高潮的時候，它往往是可遇而不可求的。從這一點來說，尼采能夠數度達到這種十分難得的境界，是十分幸運的。這時的寫作彷彿如有神助，彷彿不是自己在寫而是一股神祕的自然之力推動著寫；或者說，這股神祕的力量只是借用一個人的手來展現了自身。

在完成《查拉圖斯特拉如是說》第三部後，尼采情不自禁地寫信給洛德，高度評價了這一作品應該獲得的地位：「在像您這樣的文化人面前，我可以毫不含糊地說，透過《查拉圖斯特拉如是說》的寫作，我已經把德語推到前所未有的高度。在路德和歌德之後，德國文學必須跨出它的第三大步。親愛的老朋友，請仔細想一想，在我們的語言裡，什麼時候力量、靈巧和音韻之美達到這樣和諧的統一？」

尼采在這裡沒有自誇；透過《查拉圖斯特拉如是說》，他讓自己登上了語言的巔峰。這的確是一部獨一無二的作品。

哲學，宗教，文學，音樂；思想，形象，韻律，寓意，情感；大喜大悲，大苦大樂，人與獸，善與惡，沉淪與超越，明白

如話與千古之謎，福音與批判書，無底黑洞之恐怖與趨向無限之歡欣；整個世界都在這部書中。能夠與之相比的或許只有荷馬的史詩，但丁的《神曲》，歌德的《浮士德》……

偉大的作品沒有結束

1884 年 4 月，《查拉圖斯特拉如是說》第二、第三部分同時出版，這讓尼采很高興。

這種快樂持續的時間很短。要是無事可做，尼采又將變得無聊。他考慮自己已經花了太多的時間思考和寫作，現在他最需要的是休息和音樂的滋養，但是義大利音樂軟弱無力，德國音樂注重說教。尼采喜歡的音樂必須活潑抒情、莊重典雅、富於韻律、高傲激昂。

此時彼得·加斯特正在威尼斯，尼采想到威尼斯跟他會面。但是威尼斯過於潮溼，陰天會讓他情緒低落，他不敢在 4 月中旬前離開威尼斯。

4 月 26 日，尼采抵達了威尼斯。加斯特給尼采找了個住所，住所離裡埃特不遠，這個房子的窗子開向大運河的方向。

尼采在 4 年之後重回威尼斯，這次讓他擁有孩子般的喜悅，他迫切地想要重新結識這個可愛的城市。威尼斯是一座迷宮，它的精神中混合著陽光與水的魔力，而威尼斯的人們都歡快機智，有著優雅的氣質，走在這座城市裡，隨意地一瞥就能看到意想不到的花園，花園裡的鮮花和苔蘚透過石頭的縫隙往外亂竄。

尼采每天要在小街上散步四五個小時，有時獨行，有時隨義大利行人而行。

他一直都在思考接下來該寫什麼呢？他曾想給詩作中的一些詩句作注，結集成小冊子，但是那時候，查拉圖斯特拉說的話還

沒有被出版。而收到贈書的朋友們則一直都保持著沉默，只有一位叫海因里希‧馮‧斯坦因的年輕作家給尼采寫了賀詞。因此，尼采打消了寫小冊子的念頭，他覺得自己聖經般的著作已被公眾忽略，而現在為它作注的行為是荒唐可笑的。

他非常嚴肅地思考了「將來的哲學」，之後他打算至少推遲對詩作做進一步的工作，他想禁止自己進行長期的研究工作，在一種準確明白的前提下系統地闡述一下自己的哲學體系。

6月中旬，尼采離開威尼斯去了瑞士。起初，他想到巴塞爾的圖書館裡閱讀書籍，他想看一些歷史學和自然科學方面的著作，但是由於那裡的氣候十分悶熱，再加上那些讓他不快的朋友，最終尼采只在巴塞爾作了短暫的停留。接著，他再次來到了恩加丁。

8月20日，海因里希‧馮‧斯坦因致信給尼采，表示想要前來探訪。

斯坦因是個26歲的年輕小夥子，但是他卻是所有德國作家中最被寄予厚望的。早在1878年，他就發表過一本名叫《唯物主義的理想，抒情哲學》的小冊子。尼采看了這本書，從中他發現作者的研究與自己的極為相似，因此他結識了這本書的作者。

尼采認為，這位年輕人簡直就是他志同道合的朋友。斯坦因的來信讓尼采感到異常激動。因為斯坦因似乎已經讀懂了《查拉圖斯特拉如是說》，這次的來訪可以看成是他尋求自由的開始。

斯坦因的到來會補償他失去朋友的損失，而且，一旦他能夠征服這個華格納的信徒，這個來自拜洛特的哲學家，那麼對那些輕視的人來說，將會是怎樣的一種報復啊！他立即給這個年輕

偉大的作品沒有結束

人回信表示了歡迎，他在信末的署名是「西爾斯－馬利亞的孤獨者」。

但是尼采卻萬萬沒有想到過，斯坦因此行還有另外一種原因。

斯坦因與科西瑪·華格納關係親密，因此他現在來看尼采是徵得她的同意的。而且，尼采本人只是和華格納斷交，但兩人卻並沒有交惡。1883 年 2 月，華格納去世後，尼采曾致信給科西瑪·華格納。

斯坦因寫信對尼采說道：「我多麼希望你今年夏天能到拜洛特，聽聽《帕西法爾》啊！我懷著既大膽又膽怯的心情給你寫信邀請你，並不是因為我是華格納的信徒，而是因為像你這樣的人也能成為《帕西法爾》的聽眾，以及你這樣的聽眾也有一部屬於自己的《帕西法爾》。」

科西瑪·華格納懂得尼采的價值。華格納的聲望現在都壓在了她的身上，她需要延續華格納從前的傳統，保持遺風。如果能把尼采召回到自己身邊，她就可以一舉兩得，既幫助了一個在孤獨的努力中耗盡自己的稀有靈魂的非凡男子，同時也幫助了她自己。

在事業心這個層面上來比較，只有斯坦因能和華格納相匹敵，在華格納眾多的弟子中，他最虛心。對他而言，《帕西法爾》中那種性質可疑的神祕主義並不是宗教的權威性語言，華格納和席勒、歌德屬於同一個文化傳統，他們都是神話的創造者和所處時代、階層的教育者，拜洛特劇院不是藝術的頂峰，而是對未來的承諾。

斯坦因急於完成自己的使命，但是尼采卻對他說：「你欽佩華格納？誰又不呢？我曾經有和你一樣的經歷，甚至比你更了解他、崇敬他、聽從他。我在他那裡學到了他的生活方式 —— 他的勇氣和進取心。在別人眼裡，我是一個忘恩負義的人，但我無法接受這個詞。我一直都在進行我的工作。如果要考察『信徒』這個詞的真正意義，我一直都是他的信徒。我相信你像我一樣離開他，因為這種快樂會影響我們尋找真理的精神。這些可能性是聞所未聞的，只是我孤軍奮戰。因此，請給予我幫助，留在這裡或再回來，這兒擁有比拜洛特更高的高度。」

　　斯坦因傾聽著。

　　斯坦因只和尼采一起待了 3 天就離開了。他被深深地打動了，並和尼采約定在威尼斯重聚。

　　尼采感到了勝利的喜悅。斯坦因走後沒幾天，尼采就給他寫了一封信，說道：「不久之後，我們的邂逅就會顯示出它的深遠意義。不管你現在所屬的那個小聯盟是好還是壞，它的命運都會與我的緊緊相連。」

　　斯坦因回信說，他對西爾斯－馬利亞的那些日子印象深刻，這是他一生中莊嚴神聖的時刻，接著他又謹慎地談到了工作和職業對他的束縛，只有一句話他沒有說，這句話是：「沒錯，我是你的。」

　　尼采此時正忙於制訂各種各樣的宏偉計劃，而他「理想的修道院」的計劃又被重新擺上了案頭。他向梅森伯格發出了天真的建議，讓她到威尼斯來跟他一起過冬。

偉大的作品沒有結束

9月，尼采去巴塞爾，歐維貝克到旅館看過他，那時尼采正因為劇烈的頭痛躺在床上。尼采身體虛弱但卻十分健談，在這次談話中尼采向歐維貝克講述了自己永恆回歸的思想，他的朋友感到了不安。尼采的聲音低沉顫抖，他說：「總有一天，我們會再次出現在同一地點的，我還是我，像現在一樣生病，而你還是會像現在一樣驚訝。」

歐維貝克只是聽著，為了避免發生爭論，他一直都保持著沉默，他是懷著不祥的預感離開的。

伊麗莎白突然約尼采在蘇黎世見面，宣布了自己的婚事，此時她已經是福斯特夫人了，並將隨丈夫一起前往巴拉圭。

此時，指責已是多餘的了，尼采也放棄了，他想抓緊最後的時間和妹妹相處。他們一起共度了 6 個星期的時光，無所不談，尼采表面上十分快樂。

偶然間，尼采讀到了一個通俗詩人弗雷里格拉特的作品，書封面上印著第 38 版，作者滑稽卻又帶著莊重的神態：「看吧，德國真正的詩人誕生了，所有的德國人都在讀他的作品。」

從那一天起，尼采便決定做一個優秀的德國人，於是他也買了一本，但他最後讀完時卻是捧腹大笑 ——

「沙漠之王是獅子，他將穿越自己的領地。」

他高聲誦讀著這些華而不實的詩，並以用弗雷里格拉特的風格即興創作各種主題的短詩取樂，頓時，蘇黎世的旅館裡就迴蕩著他孩子般的大笑。

一個老將軍對這對兄妹說：「嗨，是什麼讓你們這麼高興？

我也想像你們一樣盡情大笑，聽到你們的笑聲真讓人妒忌啊！」

其實能讓尼采感到高興的事情不會太多。當他看到弗雷里格拉特詩集上第 38 版的字樣時，他感受到了痛苦。

9 月 30 日，尼采在給彼得‧加斯特的信中這樣寫道：「這種跟威尼斯一樣美麗的天空已經持續好幾天了。我收到了斯坦因寫來的一封信。今年我收到了許多好東西，其中最珍貴的要數斯坦因。因為他是一個新的、真誠的朋友。」

兄妹倆離開了蘇黎世，一個前往瑙姆堡，一個去了威尼斯。尼采中途在門托尼逗留了一段時間。他剛在那裡安頓下來就寫道：「這是一個美麗的地方。我已經發現了 8 個地方可以散步。我需要完全的安靜，所以我希望沒有人來打擾我。」

憧憬朋友和失去妹妹這兩件事深深地刺激著尼采，所以他那按捺不住的熱情衝破了種種束縛。他聽憑自己的靈感，信手寫了大量的詩歌、歌詞、短詩和警句。

同時，尼采還重新思考了那部尚未完成的《查拉圖斯特拉如是說》。尼采這樣寫道：「第四、五、六部分是必需的，無論發生什麼，我都必須把我的兒子查拉圖斯特拉引向一個崇高的結局。他充滿活力，不肯給我片刻的寧靜。」

10 月底，尼采離開了門托尼前往威尼斯。

在那裡，保爾‧萊茲克很快就來陪他了。萊茲克是個四處漫遊的「知識分子」，出生於德國，但從趣味來說是佛羅倫斯人。他因為一個偶然的機緣讀到了尼采的作品，而且他理解了這些作品。他向出版商詢問了這位作者的地址。

偉大的作品沒有結束

保爾給尼采的信寄出後，尼采立即親切地回了一封信：「請在今年冬天到威尼斯來，到時我們可以談談。」

此時，保爾已經熟讀了《查拉圖斯特拉如是說》的最後兩個部分，並且在萊比錫的一份雜誌和佛羅倫斯的《歐洲評論》上發表了關於這兩個部分的精當摘要。

尼采到達威尼斯的當天早上就有人敲他房間的門。保爾溫文爾雅地走進了他的房間，微笑著向他走來。尼采拉著保爾的手臂，好奇地打量著這位看過自己著作的學生，「讓我看看你是由什麼組成的！」

尼采凝神注視著保爾。

保爾原本是要來向一位可怕的預言家表示敬意的，可站在面前的卻是一個和藹可親、極其單純的人，而且在他看來，這個人似乎還是德國教授中最謙虛的一個。

當他們一起走出房間時，保爾坦率地說出了自己的驚訝：「老師……」

尼采微笑著說道：「你是第一個這樣稱呼我的人。」

保爾繼續說道：「老師，請告訴我，你的作品受到人們怎樣的誤解啊！」

「不，不，今天不談這個，你還不熟悉威尼斯，就讓我帶你看看這裡的大海、山巒和可供散步的地方，如果你願意，我們改天再談。」

他們回來時已是晚上 18 時了，保爾發現尼采在散步時總是不知疲倦的。

每天上午 6 時是尼采給自己沏早茶的時間，那時他自己單獨

用茶。快到 8 時，保爾就會來敲他的房門，問他夜裡睡得怎樣以及打算怎樣安排早上的時間。通常，尼采會去公共閱讀廳看報紙，接著去海濱。保爾有時陪他一起散步，或者尊重他的意願，讓他獨自散步。中午他們兩個都會在公寓裡吃飯。

下午他們一起出去散步。晚上尼采要寫作，或者讓保爾給他朗讀一些作品，這些作品往往會是某部法文書，比如加利尼神父的《書信集》，司湯達的《紅與黑》、《阿芒斯》。

一個星期天裡，尼采被一位年輕女士問到是否去過教堂。

尼采很有禮貌地回答說：「今天還沒有。」

保爾對尼采的謹慎感到敬佩。尼采解釋說真理並不是適用於任何人，他還補充道：「如果我讓那位女士感到了不安，那麼我會恐慌的。」

有時候尼采也會用憧憬未來的方式讓自己感到愉悅。他曾經在吃飯時告訴他的鄰居，說 40 年後整個歐洲都會知道尼采的名字。

這些好心的鄰居回答說：「很好啊，那你就把寫的書借給我們看一下吧！」

可是尼采卻拒絕了，他對保爾說：「我的書並不是為普通民眾所寫的。」

保爾問：「那麼老師，你為什麼要出版它們呢？」

尼采沒有對此作出任何解釋。

尼采總是把自己的夢想一遍一遍地講給保爾聽 —— 要建立一個朋友聯合會，一個理想主義者共同的村莊，就像愛默生生活的地方。

偉大的作品沒有結束

尼采經常帶保爾去聖讓半島。他用《聖經》中的口吻對保爾說：「我們將在這裡搭帳篷。」他通常走得很遠，直至找到他滿意的小別墅。可是朋友聯合會的事情沒有定下來，他也沒有告訴保爾自己想要的唯一信徒就是他唯一的朋友 —— 海因里希·馮·斯坦因。

那時斯坦因並沒有說要去，甚至連計劃都沒有。他沒有對尼采作出任何表示。他仍然回到了德國，並見到了科西瑪·華格納。既然尼采要讓他作出選擇，他就選擇了華格納。

> 尼采已經預料到了這樣的結局，他感到害怕。他感到悲哀，並以
> 一首詩向這個年輕人表達了自己的看法：
> 哦，生命的正午！
> 哦，莊嚴的時刻！
> 哦，夏日裡的花園！
> 我在那裡帶著不安的歡愉：傾聽，等候！
> 日日夜夜，渴望著朋友，
> 你在哪裡，朋友？來吧！
> 是時候了，是時候了！

斯坦因覺得自己應該給他回信。他寫道：「對於你這樣的要求，我想只有一個回答才是合適的。那就是我必須把自己完全獻給你。就像是把生命獻給最偉大的事業，用畢生的時間去理解你的宣言。可是我不能。我每個月都要接待兩個朋友，還要跟他們閱讀華格納專用詞彙中的某些文章。要是你能夠給我們提供課文那該多好。不知道你是否願意用這種方式跟我們保持聯繫。透過這種聯繫，我想你可以離自己的理想更近一步。」

這封信激怒了尼采：「又是華格納擋住了我的路，這個謊言的藝術家，這個年輕人的騙子。奪走妹妹的福斯特是一個華格納主義者，而斯坦因也是因為華格納的緣故離開了我。」尼采孤軍奮鬥得來的是一種殘酷的自由，他要一個人承受。

　　保爾注意到了尼采的痛苦，但是卻看不出原因。尼采沒有被打垮，仍然繼續努力工作著。現在，他更加頻繁地獨自散步，他像一個舞蹈家一樣輕快地在埃格萊斯林蔭道上走過，有時還會歡呼雀躍一番，然後停下來記下些什麼。

　　3 月的一個早晨，保爾像往常一樣走進了尼采住的小屋。已經過了起床的時間，尼采仍然躺著。保爾十分不安地詢問這是怎麼回事。

　　尼采回答說：「我病了，我剛剛分娩完。」

　　保爾充滿了疑惑：「你說什麼？」

　　「我寫完了查拉圖斯特拉的第四部分。」

　　這第四部分沒有最終結局，它只是像尼采所說的那樣是一個奇特的片段，一個「插曲」而已。作品寫到了這個英雄生活中的一段讓很多讀者感到汗顏的插曲：

　　有一些上等人爬上山，來到查拉圖斯特拉隱居的地方。讓查拉圖斯特拉感到驚訝的是其中竟然有一個老教皇、一個老歷史學家，還有一個老國王。他們都是一些可憐的人，有著自己的自卑，想要得到一個哲人的幫助。

　　在拜洛特變得蒼白無力的天資卓越的斯坦因，正是因為這個來到了尼采的面前。查拉圖斯特拉抑制住了自己的暴脾氣，讓這些上等人坐在了他的山洞裡。他們的憂慮讓他感到難過，所以他

偉大的作品沒有結束

仔細地傾聽著。

尼采也是這樣接納了斯坦因。

查拉圖斯特拉的靈魂並不堅硬。他讓自己受到了這些上等人的誘惑並對他們感到了同情，但卻忘記了自己無法解救他們。他曾經尋找過朋友，也許隨著他們的到來查拉圖斯特拉真的找到了朋友。

尼采也曾希望從斯坦因那裡得到幫助。

查拉圖斯特拉離開了他的朋友們向山頂爬去。當他回到洞穴的時候，卻發現那些上等人匍匐在一頭驢子的面前。年邁的教皇在新的偶像前做著彌撒。

被尼采驚呆了的斯坦因也是這樣跟他的朋友解讀華格納聖經的。查拉圖斯特拉把他的客人們趕走了，想要為他的新世界找尋新的勞動者。

出版商都不接受《查拉圖斯特拉如是說》的第四部分。幾個月前，施邁茨勒就告訴他：「公眾不會喜歡這些格言式的作品的。」尼采對這個聲明還是挺滿意的。因為對他來說，這件事到此為止了。

於是尼采自費刊印了 40 冊手稿。其實他的朋友根本沒有這麼多。他只找到了 6 個人 —— 可是沒有一個是配擁有這部書的。儘管他們可能收到了書卻不是全都仔細閱讀了這第四部分，也是最後一部分 —— 這一個讓《查拉圖斯特拉如是說》結束卻沒有最後完成的插曲。

《查拉圖斯特拉如是說》是尼采最優秀的作品，同時查拉圖斯特拉這個人物的性格也是非常獨特、複雜的，實際上在查拉圖

188

斯特拉身上寄託著尼采的理想和幻想，了解了查拉圖斯特拉的性格，也會增加對尼采的了解。

尼采本人曾對於查拉圖斯特拉的性格作過這樣的描述：「為了了解查拉圖斯特拉的性格，你必先要很清楚地了解他的強健的生理條件，一種我稱為『偉大的健康』的條件。凡是靈魂希求體驗以前的價值，並想在這一理想的地中海作一次遠航，他們將從自己的深奧之經驗探索中，得知做一個理想的征服者與發現者是什麼樣的滋味 —— 這樣的人，先決地需要一件東西，就是『偉大的健康』 —— 不僅只是靜態的健康，而是不斷地獲取與必須獲取。因為他要不斷地耗費他的健康，並且必須耗費它！因此，現在我們理想的探索者們，我們既已在這路上走了這麼遠，我們的勇氣比我們的謹慎更大，而且常常更易受損傷，但我說，比平常人所能承認的更大的健康，不斷地康復。」

在這裡可以看出，查拉圖斯特拉有著如此「偉大的健康」而且非常勇敢，尼采寫下這個人物，就是要鼓舞我們培養我們一種奮勇的精神，以展拓狂瀾的生命，開拓新生的世界，在這個新的世界中，每個人將成為自己的主人，不必再做上帝的奴隸，因為上帝已經死了。

創作《善與惡的彼岸》

1884 年，尼采沒有繼續創作《查拉圖斯特拉如是說》，這使他感到遺憾，有時候想要重新拾起來繼續寫下去，不過這些都是他的一時興起。尼采想：「以後我應該自己表達意見了，而不是靠查拉圖斯特拉。」他仍然有很多的想法沒有被表達出來，他覺得十分惋惜。他於是開始了其他方面的嘗試，重新走向了哲學的領域，試圖利用抽象的語言來表達出那些隱藏的想法。

尼采在筆記本上寫下了一些標題：《權力意志，對大自然新的解釋》、《權力意志，重新解釋宇宙的一種嘗試》。尼采透過這些嘗試發展了叔本華的理論。他認為世間萬物並不是靠盲目的生存意志而產生的，生存就意味著去征服和擴張。或許這個理論用盲目的權力意志來解釋更加合理一些。

尼采充滿恐懼地意識到，這是個龐大的工作，需要深思熟慮之後才能進行。尼采曾經希望那些哲學家和語言學家們能夠為自己的想法作出合適的分析。可是現在沒有人能夠幫助他，他只能自己一個人承擔起思考的任務。

尼采想要的不是沒有熱情迸發出來的思想。他渴望的是生命本能的力量，他還渴望著威尼斯能夠出現晴朗的天空，這樣他就可以擺脫威尼斯公寓中糟糕的伙食和人群了。

在 4 月和 5 月裡，尼采待在威尼斯，他重新找到了渴望已久的歡樂。他在一條條樹木掩映的街道上散步，他聆聽著朋友們的

音樂。尼采散步的地方在聖馬克廣場的遊廊下，他比較了以弗所的柱廊，知道赫拉克利特正是在那個地方忘記了希臘人和波斯帝國的威脅。

他想：「只要在這裡，我就很容易便能忘掉那個陰沉的帝國，儘管那是我自己的國度。但還是不要用言語來詆毀這個給我們提供美麗的避難所的歐洲吧！聖馬克廣場就是我目前為止最好的工作室。」

尼采寫詩的慾望被這種短暫的快樂喚醒了。他想起了被自己淡忘的查拉圖斯特拉，想起了他應該被稱頌的勝利和死亡。

6月，尼采回到了恩加丁。他一直生活在旅館當中，偶然間有了一個祕書，她給了尼采不少幫助。他口頭向她講述了自己的思想，並希望能更加準確地理解它。

尼采這麼做，是要去批判那些對現代的歐洲人造成束縛的道德標準、道德判斷和道德慣例，以此來評估它們的價值並確定一個道德的等級標準。他的最終目的是要實現「對一切價值的重新評估」。他在那個時候就已經意識到並成功解釋了一些美德，這些美德如今都已經受到了貶斥，因為它們是舊式貴族的生活習慣和外在趨向，是更加有力的道德源泉。

尼采還研究過羅爾弗寫的《生物學問題》，他在裡面找到了一些關於生命成長的分析。他當時還重新閱讀了戈賓納奧的某些作品，因為尼采敬佩這個人。

可是，尼采當時已經 42 歲了，完全超出了學習的年紀，而且他早已有了自己的思想。閱讀只能促使他進行思考並令他的思

創作《善與惡的彼岸》

考變得豐富，但是已經不可能再一次引導他產生新的思想了。

因為失眠，尼采十分艱難地工作，最後終於堅持下來了。伊麗莎白馬上要跟著丈夫去南美了，他沒有在送她的時候給妹妹一個擁抱，因為這會使他感到心情更加沉重。

一週以後，尼采有了新的計劃。他跟出版商談判，看他們是否願意重新購買自己寫的書並且把原來的再版。他絲毫都沒有隱瞞自己艱難的處境，他說：「這些都只有我一個人去面對，它們就像是一個原始森林，很不幸，我在裡面迷路了。我需要大家的幫助，需要一個老師和眾多的學生。如果我生病了，那麼我就會聽醫生的話。如果我能找到一個在道德層面給我啟發的人，我將會追隨他的腳步。可是我什麼人都找不到，沒有學生，更沒有老師，我總是孤單一人。」

伊麗莎白再次提出建議：「你應該回到大學裡去，以前那些年輕人總是聽你的話，現在也是一樣的。」

尼采回答說：「年輕人都是愚蠢的。教授們更是無藥可救了。再說，德國所有的大學都排斥我，我能去哪裡呢？」

伊麗莎白建議說：「去蘇黎世吧！」

尼采不同意：「我只能夠接受威尼斯。」

尼采去萊比錫跟出版商談判，可是出版商對他卻是漫不經心的。在沒有賣出一本書的情況下，他又回到了瑙姆堡，然後就出發去往他理想中的地方了。

這次尼采想去塔斯肯的亞平寧山脈中的瓦隆布羅薩，目前正在佛羅倫斯等尼采的保爾曾經推薦過這個地方。尼采經過慕尼黑

時拜訪了他之前的一個朋友拜倫‧馮‧塞利茲，拜倫向妻子介紹了尼采，並展示了自己那來自日本的藏品。尼采喜歡那些來自異國的郵票，它們小巧玲瓏、色彩鮮豔，與德國散發出來的憂鬱和悲哀的現代情調並不協調。

拜倫懂得美，懂得如何去享受生活，這一點使尼采十分羨慕。他在給妹妹的信中說：「親愛的伊麗莎白，或許你該幫我找一個妻子了。她得是一個年輕、漂亮、勇敢、可愛的人，一個阿莉妮‧馮‧塞利茲一樣的人。」

當尼采到達托斯卡納的時候，保爾陪同他遊玩。他帶領尼采走上聖米紐托高地的阿賽特天文臺，那裡有一個非常難得的讀過尼采作品的人。萊伯利奇‧坦培爾的桌上堆滿了稀奇古怪的儀器，儀器的旁邊就放著尼采的作品，有很多他都能夠熟記，他很高興地為尼采背誦起來。在尼采看來，萊伯利奇‧坦培爾是一個非常高尚、誠摯而且沒有任何偏見的人。

他們兩個談了半個小時，好像彼此間已經很了解了。尼采走時十分感動地對保爾說：「我真希望這個人沒有讀過我的書，他太聰明了，我的思想會傷害到他的。」

因為從佛羅倫斯山頂上吹下來的寒風讓尼采感到不舒服，所以尼采並沒有在托斯卡納停留多久。

1885 年 11 月 15 日，他從威尼斯給妹妹寫了一封信：「我的血管裡流著奇怪的鼴鼠式和哈姆雷特式的血液，對我來說，在同一時刻去感受一下萊比錫、慕尼黑、佛羅倫斯、熱那亞以及威尼斯的氣候是很好的，起碼沒有壞處。」

創作《善與惡的彼岸》

尼采在另一封信中寫道：「我現在回歸了理性，因為我回到了威尼斯。」他甚至興奮地以觀察這個城市來作為消遣活動。他的窗外就是威尼斯廣場，空氣中充滿了征服者們和自詡為「超級歐洲人」的人們的動靜，他們給了尼采自信的力量，他們告訴他說：「現在你在自己的家裡了……」

尼采又重新拾起了以前的習慣，在陽光照耀下的小路上散步，從這裡他可以看到遠處的大海。過去 7 年裡的記憶把他跟這裡的風景聯繫在了一起，讓他傾聽、追隨著心中的幻想。尼采沒有虛度這樣的時光，每一刻都是快樂的，他留下了詩歌、格言或者一些歌曲。

此時，尼采把詆毀現代人作為了樂趣，在他看來，一個可以預示未來的哲學家就必須否定他所處的時代，不管這個時代是好是壞。尼采堅定地宣言說：「只有那些知道怎樣保持孤獨與冷漠的人才能稱得上是偉大的人。他知道怎麼到達善與惡的彼岸，因為他有著強大的意志。這就是偉大。」

但尼采又發問：「偉大真的能在當今社會中生存下去嗎？」他從 26 歲起就一直在尋求著解決之道。

不但詆毀現代人，尼采還詆毀德國人，這是他另一個更加活躍的興趣。歐洲都已經德國化了，顯得那麼沒有教養。

即將迎來新的一年，尼采好像已經看到了眼前的幸福，但跳動的思維與幻想帶來的快樂不能徹底滿足他。威尼斯的人們和這裡的威尼斯廣場已經不能吸引尼采的注意力了。

尼采開始對自己住的公寓感到了厭惡：裡面的家具有太多人

用過，而客廳則因為是公用的地方而變得一團糟。很快，天氣變冷了。尼采因為貧窮而無法得到應有的溫暖。德國式的暖爐和寒冷使他感到悲哀，因為他用不起。公寓裡總是亂哄哄的，尼采從來不能得到片刻的寧靜。右面是一個小孩，他總是把天平弄出「吧嗒吧嗒」的聲音；樓上是兩個業餘的音樂愛好者，正在練習小號和小提琴。

尼采回到了瑙姆堡，聖誕節那天，他寫了一封信給妹妹，他在信中說：「這裡沒有一個人可以陪我歡樂，這是多麼無聊的生活啊！……又是聖誕節了，我卻還要繼續像以前那樣過著悲哀的生活，像是一個流浪的人、一個蔑視整個人類的憤世嫉俗者一樣生活。」

1886 年的前三個月裡，尼采的憂鬱症好像是減輕了。他有大約 4 年時間沒有公開發表自己的隨筆了。他打算從這些筆記中整理出一本書，因為這裡面有著豐富的材料，而他現在要做的就是去好好選擇一下哪些可以用。

同時，尼采總是覺得必須要寫那部去年考慮的作品，他希望盡量不去受到自己良心的責備。因為他想要找到一些樂趣，可以透過寫一部生動的作品來實現。他已經想好了一個標題《善惡的彼岸》，當然會有一個副標題，叫做《通往未來哲學的序曲》。不久之後他就發表了這部被一拖再拖的重要的作品。

以前尼采對發表一部完整的作品會感到高興和自信，可是現在，他的快樂和自信都消失得無影無蹤了。因為他知道，沒有人會讀自己的書。實際上，他連願意出版《善惡的彼岸》的出版商

創作《善與惡的彼岸》

都找不到。為此，尼采寫信給妹妹說：「我除了把手稿放起來，再也沒有別的辦法了。」

尼采在春天住在威尼斯城。可是他沒有見到正在訪問德國的朋友彼得‧加斯特。彼得寫了一部叫做《威尼斯的雄獅》的歌劇，他正想在德國找個能夠「安置」自己的音樂的環境。同尼采的手稿一樣，這個劇目也遭受到了被拒絕的命運。

尼采在信中給了彼得安慰和鼓勵：「回來吧，像我一樣跟孤獨做伴吧，只有我倆才知道應該如何在孤獨中生存。華格納主義攔住了你的去路，擋在你面前的還有那種德國人的粗鄙和遲鈍，正是『帝國』的建立使這些東西迅速成長。我們必須要小心翼翼地前行，否則會在沉默中消亡的。」

尼采覺得由於有這樣一個同樣處在困苦中的同志，他自己的孤獨感被慢慢削弱了。彼得‧加斯特沒有錢用了，尼采就會告訴他說：「我倆可以共同享用我擁有的這一點點東西，當然包括錢包。」

彼得‧加斯特變得越來越沮喪，越來越沒有信心，尼采也經歷過這種巨大的痛苦，他在信中告訴彼得：「請不要垂頭喪氣，我是相信你的，因為我需要你的音樂，沒有你和你的音樂，我是活不下去的。」

就算在威尼斯，尼采脆弱的視覺神經也被外面強烈的陽光刺傷了。他總是把自己鎖在門窗緊閉的屋子裡，就像他以前在巴塞爾一樣，不會讓自己去享受義大利晴朗的天氣。

尼采想起了德國的那片巨大的森林，裡面陰暗涼爽，對他的

眼睛十分有利。這樣一來他又對自己的國家懷有了一種愧疚的心情。他一直認為叔本華和華格納是自己的老師，因為他們也是德國人。如果說尼采也有過自己的弟子或是信徒的話，那也應該是出生在德國。

尼采聽說歐文已經成為萊比錫大學的教授了，他感到很高興。他用優美得體的話語給歐文發去了祝賀，可是他由此又陷入了一種很難過的情感之中。

尼采突然想離開這裡回去見見自己的母親了，尼采還想去聽一下他的朋友們的講課，最重要的是要跟那些每年印 20,000 冊書而拒絕自己書稿的出版商進行交涉。於是他離開了威尼斯，出發前往萊比錫。

尼采去看望了歐文，可是很不湊巧，歐文正在忙碌之中，顯得心神不安。歐文發覺尼采身上開始有了一種陌生的東西，而以前的尼采好像已經消失了。

尼采說：「我想聽你講課。」

歐文把尼采帶到一群對他的名字和作品毫無所知的年輕人中間，讓他聽他們的談話。尼采聽完之後就走了，他給妹妹寫信時說：「我已經無法同任何人進行交流了。對我來說，萊比錫不是我的避難所，同樣無法讓我在此地休息。」

尼采本來可以離開萊比錫，但是同出版商艱難的談判把他困在了這裡。他與各種出版商都交涉過，但都無功而返。直至最後，他的自尊讓他無法忍受這一切了，他要自費出版這部作品。

尼采的母親生活在瑙姆堡，伊麗莎白離開後，她就一個人生

創作《善與惡的彼岸》

活在那裡。尼采產生了對母親的同情心，他知道母親現在淒涼的生活，知道母親對他作品的失望。他反覆對母親說：「你不要去管我的作品說什麼，甚至不要去讀，因為它們並不是為你寫的。」

可是，母親有著強烈的好奇心，這使她一次次地讀過尼采的作品後又一次次地產生了不滿的情緒。尼采又在家裡待了一週，可是卻無法掩飾自己的煩惱。這使尼采的母親感到心酸，最後尼采不得不在更加不愉快的氛圍下走了。

尼采經過慕尼黑的時候去拜訪了拜倫·馮·塞利茲一家，希望能從他們身上得到一點什麼補償。可是很不巧，塞利茲並不在家。

尼采走了，他踏上了前往恩加丁的路途，很期待能從那裡得到些對自己有益的東西。

7月，尼采到達了被大霧包圍著的寒冷的恩加丁，同時產生了一些不太好的病痛，這是他以後憂鬱症的開始。

艱難創作《權力意志》

1886 年的夏天，尼采正在西爾斯，一批音樂家路過這裡，他們發現尼采喜歡他們的音樂並十分高興能在此見到尼采。這種髮自內心的歡迎使尼采感動了。

他給彼得寫信說：「我知道，那些藝術家們是為了我而歌唱、演奏的，要是一直這麼下去的話，我是會被他們寵壞的。」

然而，這是一種十分卑微的安慰。尼采正處在他生命中十分重要的階段，這時候無論他怎麼逃避，終究會認識到命運給了他什麼、拒絕給他什麼。他不得不把心中留存的一點希望拋棄。

他寫信給彼得說：「最近我感到十分悲傷，憂鬱經常讓我睡不著覺。」

尼采給妹妹的信中充滿了可怕的力量，以及那些難以名狀的孤獨：「那些朋友們都在哪裡，我曾經以為我們的關係是那麼密切。我們好像生活在不同的世界中，沒有共同語言讓我們交流。無法交流其實才是最可怕的孤獨，它讓人們戴上了比銅面具更堅固的東西 —— 所謂完美的友情只會存在於平等的人之間。一個思想深刻的人身邊需要朋友，除非他已經有了一個上帝。可是我既沒有上帝也沒有朋友。唉，我親愛的妹妹啊，你的那些朋友們，現在還是你的朋友嗎？」

這時，尼采又開始艱難地創作《權力意志》。回到德國又改變了他原來的計劃。他想：「我為什麼要寫這種充滿戰鬥精神的

艱難創作《權力意志》

書呢？沒有讀者，沒有朋友，既然歐洲繼續墮落了下去，那我為
何不順其自然呢？我知道總有一天它會振作起來，可是我卻看不
到那一天了。到那個時候，我的作品就會被後人發現，我也會有
讀者了。為了後來的人們，我應該寫下去，我應該確立我的基本
思想。可是現在我不能參加戰鬥，因為我連敵人也沒有。」

7月初，當尼采離開德國時，他擬訂了一個周密的計劃。9
月分時他寫道：「接下來的 4 年裡，我會把這部完整的作品分成
4 卷。只看題目就會讓人感到震驚：《權力意志，對一切價值重新
估價的一種嘗試》。為此，所有的一切包括健康、孤獨、好的心
情對我來說都是十分必要的，或許一個妻子也是必要的。」

尼采要去科西嘉，他對這個未經開發的小島充滿了興趣，而
且他想起了島上的小鎮科爾特：「在那裡，拿破崙只是處在孕育
之中，他還沒有誕生 —— 這是一個有著象徵意義的地方。在那
裡，我能夠對一切價值進行重新評估……對我來說，這個也是一
個正在孕育的想法。」

這是一部拿破崙式的作品，光看它的題目就能夠吸引那些好
戰分子。尼采一直在尋找著「由惡而產生的結果」，現在處於自
然界中心位置的是一種貪婪的力量，其他任何與這種力量相對抗
的行為都是錯誤和弱小的。尼采把這一點記了下來：當人們把心
中的機警同他們天生的野蠻的本能相結合的時候，他們才會變得
偉大。

尼采透過對各種疑難問題的深思熟慮之後，得到了這樣一
條殘酷而又可靠的真理：「一個人必須要有將真理說出來的勇

200

氣！」他試著讓自己朝這個方向發展，但是結果卻並不能讓他感到滿意。

尼采避開了自己長期從事的工作，他怕自己隨意斷言什麼是對什麼是錯。那個唯利是圖的出版商弗利茲答應他說，要是有人資助，他就會將尼采的《悲劇的誕生》、《朝霞》和《快樂的科學》進行第二版的印刷。

尼采早就想這樣做了，他想為以前寫的這些作品再加一個序言，或許還能做點兒增補的工作。

他沒有去科西嘉島，而是去了熱那亞海灣的魯塔。魯塔在菲諾港邊，離拉帕洛並不遠，那裡有長滿樹木的山峰，它們一直突入到了海中。他又回到了查拉圖斯特拉對他訴說情懷時的地方，在這裡得到了往日愉快回憶的鼓勵。

8月，尼采無法實現自己在德國出版《善惡的彼岸》這部作品的願望，於是他把這部書寄給了國外的兩個人。一個是丹麥人喬治·勃蘭兌斯，另一個是法國人希波萊特·丹納。喬治並沒有給他回信。

而10月17日，希波萊特寫了一封給尼采帶來愉悅感的信：「看到你寄來的作品時，我剛剛旅行回來。像你自己所言，這本書中充滿了『背時的思想』。裡面那種生動、文雅的形式，那種充滿熱情的風格和那些像是悖論的轉折點，應該能夠讓那些希望了解你的讀者感到新奇。我要向那些哲學家們推薦你寫的關於哲學的第一部分，向歷史學家和評論家們推薦你的有價值的新鮮的思想。非常感謝你的來信。」

艱難創作《權力意志》

保爾‧萊茲克同尼采已經有 18 個月沒有見面了，這次他們在魯塔相聚了，尼采身上發生的巨大變化讓保爾感到意外：尼采的體重下降了很多，臉上也變了不少。可是不論生活怎樣給尼采帶來沉重的壓力，他總是面帶深情而純真的、孩子般的笑容。

尼采帶著保爾登上那座可以看到阿爾卑斯山雪景和遠處壯觀的大海的山峰。他們在風景優美的地方駐足，用老樹木和葡萄藤的細枝點起火來，尼采大聲歡呼著，向著騰起的火焰和煙霧致禮。

尼采在魯塔的旅館之中起草了《朝霞》和《快樂的科學》這兩本書的前言。在前言中尼采用歡快的語言描述了自己精神上的冒險歷程。

尼采這樣寫的同時，也在與他沮喪的心情作鬥爭，他當時服用過一種由水合氯醛和印度大麻組成的濃縮劑，這種藥物小劑量服用的時候可以安神，但是劑量太大就會導致精神亢奮。多數神經質的病人都會這樣做。

尼采很喜歡這個海岸，他在給彼得寫信時說道：「你想像一下一個本屬於古希臘群島的島嶼被風吹到了這裡，從此留在了這個充滿了掠奪者、危險和欺詐的海灘上。」

尼采本來想在這裡度過下一個冬天，可是後來卻改變了主意，想要回威尼斯去。保爾勸說他留下來，可是尼采沒有聽從他的建議。

保爾對尼采說：「你總是在抱怨說沒有人理解你，這是為什麼呢？你不是沒有追隨者，而是你總讓他們感到沒有前進的動

力。你把我帶到了這裡，甚至還請了彼得‧加斯特，你為什麼要自己離開呢？」

尼采回答說：「因為我需要威尼斯，需要那裡的陽光和空氣，那裡的海灣中住著我需要的天使。」

尼采一個人走了。他在這個冬天裡寫完了序言，重新審視並修改了原來的作品。他像往常一樣把手稿寄給了彼得。

1887 年 2 月，尼采給彼得寫信說：「現在讀我的作品，要帶著嚴重的懷疑才行。要給我提意見請直說；這裡怎麼改，那裡怎麼改，我喜歡這一段而不喜歡那一段，就這麼簡單。」

尼采現在也讀其他的書，現在的他不像之前那樣懷著嚴格的成見去看，而是帶著一種奇怪的好奇心。

1887 年的頭幾個月裡，尼采同某個叫 V.P. 夫人的人關係相當密切。他們曾經一起去過聖雷莫和蒙特卡洛。V.P. 夫人跟尼采一同去聽了在蒙特卡洛舉行的克西納音樂會。尼采這時並沒有產生痛苦的情緒，因為他感覺必須要對別人、對自己寬容一些。

布克哈特經常對尼采說：「你是一個多麼出色的歷史學家啊！」希波萊特‧丹納也說過類似的話，但是尼采並沒有沾沾自喜，因為他看不起像歷史學家或批判家的這種職業。

尼采在威尼斯遇到一個年輕的德國人，這個年輕人對他說，蒂賓根的教授們把他看作是一個有感染力的人。這使尼采感到悲傷。他沒有讓自己從同情和愛的浪漫主義中脫身，也沒有讓自己陷入浪漫主義的反面 —— 暴力。他渴望成為一個詩人，一個道德學家，一個受人尊敬、安靜平和的創造者。可是沒有人、讀者

或者朋友能夠理解他。

3月初，威尼斯發生了一場強烈的地震，這使旅居此地的來自世界各地的流浪者都感到十分恐懼。尼采對這種大自然的力量感到十分敬畏，因為它可以告訴人們不要忘了自己是多麼卑微。他感嘆道：「真是壯觀啊，一下子就摧毀了 2,000 人，真是一件奇妙的事情。人類會迎來這樣的末日的 —— 總會有一天，地球也會這樣結束生命。」

保爾說：「要是這樣我們也會完蛋的。」

可是尼采卻回答說：「這又有什麼關係呢？」

3月7日，尼采寫道：「到目前為止，我懷著一種嘲諷的態度活在這些愚笨的人中間。可是人們無法對自己負責，因為不知道哪一天我們會失去理智。這是一個具有魅力的事件，我們無法控制。」

3月中旬，尼采就寫完了他的序言。像他在其中一篇中提到的那樣：「尼采的疾病及其康復跟我們有什麼關係呢？讓我們坦率地表達，坦率地去做人吧！」

3月17日，尼采寫了一份計劃：第一本書：《歐洲的虛無主義》；第二本書：《對較高價值的批判》；第三本書：《一種新的評價原則》；第四本書：《訓練與選擇》。

每年春天裡，尼采都會處於一種憂鬱的、心神不定的狀態。他在威尼斯和恩加丁之間猶豫著，想知道在哪個城市會找到明亮而不感到炎熱的地方，找到那種不會傷害眼睛的柔和的陽光。

這時，尼采想到了義大利的湖泊，於是他離開了威尼斯，去

了馬焦雷湖。剛開始的時候，這個四面環山的小型地中海使他感到興奮。他說：「我被這個比地中海更美麗的地方打動了。大海作為一種龐大的事物，有著它獨特的愚蠢和粗鄙，但是馬焦雷湖卻沒有。」

尼采重新校對了《快樂的科學》，又讀了一遍《人性的，太人性的》。這時他停了下來，思考著為什麼他的作品不能得到大家的認可。

很快尼采就從這種令人傷心的思考中跳了出來，還是未完成的作品比較重要。他強迫自己開始思考，直至再次變得筋疲力盡為止。他想要再去一次威尼斯，但是由於身體的原因馬上又打消了這個念頭。

尼采感到越來越無聊，甚至跟歐文在書信中發生了爭吵。他給這位以前最親密的朋友寫信，忍不住說了一些惡毒的言語。

歐文不喜歡尼采的這種語氣。與尼采不同，他是一位教授，在歐洲學者中很有聲譽。他不能忍受尼采的這種無禮行為，因此在回信中他決定捍衛自己的尊嚴。或許是言辭太過激烈，後來歐文將這封信收回並銷毀了。

這件事影響了尼采的情緒，同時也使他的身體感到不適。於是他決定聽從醫生的安排，去瑞士庫爾的一個機構接受溫泉治療。

可是什麼也阻止不了尼采的工作，他要去解釋自己提出的不同的道德價值。可是無論尼采怎麼努力，他的第三本書《一種新的評價原則》還是沒有寫出來。

艱難創作《權力意志》

一個讓尼采傷心的消息把他從深淵中帶了出來。海因里希·馮·斯坦因死於心力交瘁，去世時還不到 30 歲。

尼采寫信跟彼得·加斯特說：「這個消息簡直讓我發瘋了，因為我是那麼愛著斯坦因。我不時想，總有一天他會理解我的。有些人的存在讓我感到愉快，他就是這一小批人中間的一個，而且他也總是很信任我……正是在這裡，我們歡快地遊玩。我將給他最高的敬意，這也是我最珍貴的回憶之一，它將被銘記在我的心中。」

又過了 3 個星期了，尼采仍然為斯坦因的去世而感到心情低落。雖然他的思考因為傷心而變得遲緩，但是因為疲憊而加重了他的急躁心情。

一位瑞士評論家維德曼先生剛寫了一篇關於《善惡的彼岸》的文章，他在這篇文章中只看到了一種無政府主義的精神。他說：「這簡直就是炸藥。」

尼采立刻就不同意了，他在短短 15 天裡寫了 3 篇短文，總的題目叫做《道德的譜系》。他在扉頁中寫道：

我寫這些是為了解釋我的最新作品《善惡的彼岸》。

……我說過了，我會把自己放在善惡的彼岸。這難道說我就可以不受任何道德的約束嗎？不是的。我只是在挑戰下面的事實：它把溫順當作善良，並加以褒獎，而把力量當作惡，還對其進行詆毀。可是人類整個道德的歷史之中還有其他的大量我們不熟悉的道德價值，善也不只是以一種方式存在著，還有很多所謂的高尚或無恥的行為。現在人們必須要去探索，要去創造出新的道德。

過了幾個月，尼采又寫了一段話來解釋這些：「我曾希望自己發射過一枚具有更大爆炸力的炸彈。」他說兩種道德的差別就是主人跟奴隸的差別，一種道德適用於主人，而另一種則用於奴隸身上。他還發掘了「善」和「惡」的詞根，想在裡面找到它們原來的意思。他說「善」來源於「戰士」，而「惡」來源於「黑色」。

與悲觀情緒進行抗爭

　　1887 年 7 月 18 日，尼采正在西爾斯－馬利亞，他給彼得寫了一封信，宣告了一部新作品的誕生：「最近我享受了一段很好的時光，這段時間裡我起草了一部作品，它的篇幅雖然不大，但是我卻能夠說它更好地詮釋了我之前所寫的那本書。現在我 43 歲了，寫過 15 本書。另外透過我的經歷讓我感受到一個不願說出口的事實，就是即便我願意放棄自己的著作權，也沒有任何一個德國出版商願意理睬我。或許我今天完成的小冊子能讓我的書多賣幾本，當人們可以理解我的時候，我已經不能獲得任何好處了，或許我早就已經離開人世很久了。」

　　7 月 20 日，尼采用快遞將書稿寄給了出版商。7 月 24 日，他發電報要求退回書稿來增加一些章節。整個夏天裡，他都是在不安和憂鬱中度過的，當然還有對書稿的修飾。他對這部作品很看重，想使它能更有說服力，因此一直都沒有停止過對它的增刪和潤色的工作。

　　8 月底的時候，尼采發現在第一部分的最後還有一小塊空白，所以他添加了按語，指出了自己沒有研究的問題。

　　9 月，恩加丁的氣候開始變冷，尼采的校對工作也已經結束了。他總是在四處漂泊遊蕩，現在又是尋找新的住所和工作的時候了。

　　由於彼得正在威尼斯，這個城市號稱有「上百個孤獨者」居

住在其中，尼采也在那裡住了幾個星期，成了一個還算快樂的流浪者。

彼得說尼采在那裡簡直就是在虛度時光，他什麼也不做。他不願待在萊比錫的圖書館裡，也不打算讓自己躲在某個小房間裡。他經常出去散步，去光顧那些不太乾淨的「食品店」。在那裡，那些身分卑微的下層人民聚在裡面吃飯。

一旦光線太過強烈，尼采就會到陰涼的地方去放鬆一下自己的眼睛。快到黃昏時，他就開始了他那沒完沒了的散步。他一直凝望遠處的聖馬克廣場和廣場上成群的鴿子，還有環礁湖和教堂。

尼采繼續思索著作品下一步該怎麼寫，他想讓自己的作品符合邏輯又要自然生動，要簡明扼要又有豐富的細節，每個字身上都刻著神祕的烙印但是叫人一看就會明白。總之，尼采就是想讓自己的作品像他喜愛的威尼斯一樣，有著最高的意志和優雅的狂想。

10 月 22 日，尼采到達了威尼斯。他在威尼斯一共待了兩個星期，期間發生了兩件重要的事件。一是他失去了一個交往很久的朋友；另一個則是有了一個新的讀者。

失去的朋友是歐文。他們兩個去年春天就開始了爭吵，現在兩人的矛盾達到了頂點，他跟歐文的關係就此破裂了。

他的新讀者是喬治‧勃蘭兌斯。他回信感謝了尼采寄給他《道德的譜系》這本書，他的回信充滿了對尼采處境及觀點的理解：「我同你一樣，也不贊同禁慾主義的理想，對那些民主主義的庸人們感到失望與痛恨。我很欣賞你這樣的貴族激進主義。可是我不明白你為什麼對憐憫道德進行蔑視。不管怎麼樣，我要對

與悲觀情緒進行抗爭

你獻上我最誠摯的敬意，因為你身上幾乎沒有教授那種難以接近的氣息，我願意與你交談……」

到現在為止，尼采找到了兩個願意了解自己作品的人，這兩個人都充滿了才華，一個是勃蘭兌斯，一個是丹納。

大約在同時，布拉姆斯也讀起了《善惡的彼岸》，並且讀得津津有味。彼得把布拉姆斯的《生命頌》改編成了一首管絃樂，而尼采在監督並指導他進行修改的時候不時地發出對布拉姆斯作品的讚美，稱讚這種新鮮的充滿活力的形式。

尼采讀了最近出版的龔古爾兄弟的日記；有時候還跟福樓拜、聖貝甫、戈蒂埃、丹納、格瓦裡和勒南一起在梅尼家裡聚餐。他不會讓這些消遣活動阻礙自己的創作靈感。他要寫一部具有決定性意義的用智慧話語表達的作品，要寫一部平靜得使辯論性的話語都低下頭的作品。

尼采把歌德看作是激發他新的作品靈感的關鍵。歌德沒有從負面評價過人類的諸多生產生活的觀點，也沒有否認理性社會的產生。歌德像是寬宏的貴族一樣接受了人類留存下來的大批文化遺產。

這些就成了尼采最後的希望。他渴望著自己能在生命最後的日子裡，像是即將落山的太陽那樣放射出柔和美麗的光芒，去照亮塵世中的一切價值，去淨化世人那沾染了些許灰塵的靈魂。

尼采很輕易地就找到了《歐洲的虛無主義》和《對更高價值的批判》的寫作思想與理念。尼采在這 4 年間總是在分析和批判著世上發生的一切，好的或者壞的。他奮筆疾書，盡力大聲呼喊著：「我追求的是新鮮的空氣，而歐洲荒唐的現狀卻在阻礙著思

想的發展，不能再這樣下去了。」

　　尼采把懦弱扔到了一邊，此後他的思想按照自己的希望保持了平靜的狀態。然後他提出一個問題：「歐洲現狀真的是荒唐的嗎？或許是因為有一些逃過我們眼睛的東西造成了這一現象。我們必須要能在這原因之下認識到某種有用的值得保存下來的價值。這些都是後世所必需的，它們毫無疑問地對以後的世界是有益的，可是在我們眼裡，它們是可悲的。」

　　尼采壓制住自己的厭惡情緒，盡量讓自己不使用侮辱性的語言，而是靜下心來慢慢考慮被譴責的對象。他曾提問說：「難道群眾就沒有尋找真理和信仰的權利嗎，群眾才是人類的基礎，是他們創造了整個文化。沒有群眾，何談主人？我們得讓他們明白勞動也是有尊嚴的。要是這樣他們就會透過勞動而變得更加溫順的話，那就說明他們現在的信仰對一切都是有好處的。」

　　1887年年底，尼采已經將他打算寫的那部綜合性作品的基本框架創辦好了。他賦予了以前曾經鄙視過、辱罵過的那些不同的動機以某種權利和尊嚴。

　　這時，尼采寫作的宗旨跟以前的十分相似：「人道主義傾向並不以反生命為前提，他們適用於任何平庸的群眾，也適用於要使群眾得到滿足的人們。基督教的各種不同的傾向也是仁慈的，我們無法找到其他什麼別的東西能夠像它們一樣具有讓人感到稱心的恆久性。這是因為那些傾向適用於所有遭受苦難和衰弱的人，並且還有恭順的態度而不是反抗的精神。如果有可能的話，滿懷著愛去接受那些不可避免的痛苦和虛弱，這樣對人們來說是有益而無害的。」

與悲觀情緒進行抗爭

　　12 月 14 日，尼采給卡爾‧弗契斯寫了一封信：「在最近這幾年中，我心中的焦慮達到了一種無可復加的地步。現在，我即將得到被人認可的機會，我首先要學會改變我自己，要為了更高的一種形式來使自己變得更加客觀。我不知道我現在是否已經老了，我也不知道哪一類青年時期的生活對我有益。他們並不明白我的中心思想在哪兒，也不知道我在什麼時候、如何變得這樣怪。」

　　1888 年 1 月分，尼采對自己的敏感和煩躁感到不滿，1 月 15 日，他寫信給彼得說道：「對我來說，生活從來都沒有像今天一樣艱難。我已經不能同現實保持良好的關係了：如果我不能成功將它們遺忘，那麼我就會被它們撕碎，一旦我陷入憂傷之中，我面前的就只有無盡的黑暗。我有那麼多事情要去做，所以我必須要挺住。在每天早上，我都要去暗示自己好好生活。我不能再沉浸在自我當中了，我必須要去面對現實。我似乎站在一個更高的高度來面對自我、思考自我。」

　　尼采思考著，總結著現代歐洲人：「我們要怎麼從一個由強健的人組成並有著古典趣味的種族中解脫出來呢？古典趣味就是指簡化的和強化的意志，就是要真誠袒露內心的勇氣。要讓自己從這種類似混沌的狀態中走出來並走上一個新的有機狀態，我們就必須要受到一種強制性的約束。起源於恐怖和暴力的種族才有可能占據優勢。這就是問題所在：20 世紀究竟誰才是野蠻人？很顯然，他們是出現在巨大的社會主義危機之下的，對他們來說，這些危機可以使他們顯示出最持久的恆定性，也是最持久意志生成的保證。」

　　尼采不斷在筆記上記下自己研究的成果：

阻止現代性的最好障礙和治療現代性的最好良藥：與真正戰爭相關聯的義務兵役制度，這樣的戰爭可以不讓他們的頭腦變得更加輕浮；單純集中的民族偏見。

尼采曾經侮辱過民族主義，可是現在這個艱難的時候，尼采為了找到支撐點，又回到了民族主義之中。

尼采在繼續研究的過程中預見到了一種政黨形式，這種形式只可能是實證主義民主形式或者是其改良後的形式。他對這種政黨表示了贊同，還給它下了定義。他看到了這兩種有能力訓導人類的有力而又健全的組織的特徵：

一個不會憑藉感情做事的和平政黨將拒絕自身以及其中成員之間進行的鬥爭，也拒絕他們走進法庭之中。它將會挑起對自身的鬥爭、反對甚至迫害。它至少在一段可預見的時間內會成為一個被壓迫者的政黨。不久後，這個偉大的政黨就會出現反對怨恨和報復的情緒。
一個好戰的政黨將用相同的邏輯來嚴厲地反對自己。它會在一種對立的觀念之中尋求發展。

這個筆記是尼采草草寫就的，尼采總是會觀察四面八方的事物，而不將目光停留在一件事上。他對工人階級的清教徒主義感到不滿，因為他知道人類燦爛的文化是隨著貴族政治而維持或者消亡的。

尼采曾經宣言說自己要在有生之年找到一個可以支撐更高級文化的基礎。有時候他感覺自己找到了，可是這個基礎強加給他一種無法容忍的狹隘傾向，因此他就放棄了這個虛無的基礎。

與悲觀情緒進行抗爭

　　尼采現在要去找尋一個可靠的支撐。他找到了民族主義，這成了他唯一的避難所。可是尼采卻又要從中抽身。

　　尼采不去理會那些民族主義的思想，他又回頭去追求自己的目標，他想到了拿破崙和歌德，兩個人都沒有受到自己所處時代和國民偏見的限制。他們兩個是如此不同，一個是戰士，一個是詩人；拿破崙讓人們去屈從和沉默，歌德則在觀察和沉思。他們正是尼采每次作重大決定時必定出現的一對形象。

　　尼采寫了幾封信給母親和妹妹，他在給這兩個人寫信時帶著一種溫柔，他在信中宣洩著自己的感情，好像很樂意再次變成母親膝下的幼子。他對母親很是謙遜，他署名是「妳的老兒子」。他跟妹妹則像是長年的夥伴一樣交談著，似乎忘記了以前的種種不滿情緒。

　　尼采樂於聽從妹妹的話，而妹妹也經常給他提出一些看似聰明的建議。當尼采抱怨自己是多麼孤獨的時候，她就會問你為什麼不去當教授呢，為什麼不去結婚呢？尼采很輕易就回答了這些問題：「我該去哪裡找我的妻子啊！如果我恰好找到一個，我想我並沒有權利去要求她跟我分擔我的一切。」

　　1888 年 1 月 25 日，尼采像往常一樣去散步的時候，聽見不遠處傳來了歡快的笑聲。那個高興的人走近了他，是一個迷人的姑娘，她的棕色的眼睛像小鹿一樣溫柔。

　　尼采這顆衰老孤獨的哲學家的心被這樣一個溫馨的情景感動了。這時他想：「要是有這麼一位親切可人的姑娘在我身邊，那對我來說將會是一件很好的事情 —— 可是卻不一定對她有好處。我不知道我的思想會不會傷害這個姑娘。如果我愛她，又看

到她因為我而遭受痛苦的折磨，我會心碎的。所以我決定了，我絕不結婚。」

這時，尼采的腦子裡全是稀奇古怪的想法。尼采每時每刻都在想著自己被別人剝奪了愛情和友誼的權利。他想起這些人就滿心怨恨，首當其衝的就是華格納。

尼采也想起了他在特里伯森的那段美好的時光。科西瑪·李斯特十分歡迎他，樂意傾聽他的意見和計劃，樂意閱讀他的手稿，還總是和藹快活地跟他交談。

尼采的記憶被他的痛苦扭曲了，他認為自己曾經瘋狂地愛過科西瑪·李斯特，而她或許也愛過尼采。尼采強迫自己相信這一點，他甚至開始相信這個謊言了。可是現實對尼采來說是殘酷的。華格納占有了尼采渴望的一切，聲譽、愛情和友誼。

4月1日，尼采就離開了威尼斯。他在去恩加丁以前，曾在都靈待過幾天。那裡的氣候乾燥，街道寬廣，在路上尼采把行李弄丟了，他很生氣，並跟腳伕發生了爭執。然後他在熱那亞附近的撒皮特倫納病了幾天，接著又去熱那亞休息了3天。這幾天裡，他完全沉浸在了以前的回憶之中。

他給彼得寫信說道：「我的運氣把我帶回了這個城市，我的意志已經夠強大了，所以我不會再懦弱。我在這次感到了更多的熱情，並對這裡產生了感激之情。」

4月6日，尼采到達了都靈，他都快累散架了。在同一封信中，他對彼得說道：「我不會再獨自旅行了，這讓我感到焦慮不安，感到索然無味。」

失去了理智的智者

1888 年，一種來源於身體的力量對尼采的思想造成了很大的影響。有人說：尼采早就已經瘋了。也有人說：他至少還保持著自己的思考能力，還能夠在一定程度上控制住自己。

這時，尼采寫的東西還是那樣的犀利、一針見血。他感到極度清醒，可是這種清醒對他來說是一個災難，因為這會讓他更快地毀滅。

此時，尼采不再進行道德研究，長久以來，他總是在一種焦慮之中生活著，他在信中說：「它在我情緒很好的時候賦予我一種復仇的心態 —— 這種復仇總是表現得那麼強烈。」

這句話很好地解釋了將要問世的三部作品：《華格納事件》、《偶像的黃昏》、《反基督教》。

4 月 7 日，在都靈的尼采意外收到了一封喬治·勃蘭兌斯的信，他告訴尼采說想要開設關於尼采哲學思想的一系列講座。勃蘭兌斯說道：「在這裡沒有人知道你，我為此感到十分苦惱。我想你會突然間成為知名人士的。」

尼采回覆說：「太令我感到意外了，這是誰給你的勇氣呢，竟然要向大家介紹我這麼一個默默無聞的人。或許你認為我在德國有很多讀者吧！可是，事實是他們把我當作了古怪的瘋子，根本不願意好好去看待我的作品。我有著不平凡的驕傲，這是我與他們的對抗產生的。我是個哲學家嗎？這沒有什麼關係。」

在這些疲倦而又緊張的日子裡，尼采找到了《人的法律》的譯本，他想要知道自己所考慮的那些等級的細節。他看完之後感覺還是有希望的，因為書中有一部法典，這讓尼采感到高興，它確立了 4 個等級的秩序。而且語言優美、簡潔明了，在嚴肅中又透出了人情味，當然還有一種高尚的持久性。

尼采看完後十分讚賞。他整段地將那些文字摘抄了下來，因為在這本古印度的聖典中，他看出了「充滿愛和善意的歌德式的關注」，他聽到了自己追尋的非道德的旋律。

可是在讚賞的同時他也有批判。尼采說：「這些僧侶們並不相信這個 —— 或者說他們根本沒有看到這個。人們的法律其實是一些智慧的毫無漏洞的謊言。因為大自然本來就是一片混沌，沒有任何觀念和秩序。那些想要建立一整套秩序的人都會對大自然感到厭惡，因為他們想要的是一個虛幻的世界。那些偉大的創辦者們，印度法典的制定者們，他們都是撒謊的藝術家。」

尼采當時正在都靈，他反覆地研究了這本著作，因為這部古雅利安的作品說出了他內心中的種種夢想，這是一個有著完美的社會等級又有理性的欺騙的最好作品。尼采對它又愛又恨，因為它，尼采一度暫停了工作。

尼采感到猶豫了：「要不要聽從這些婆羅門、這些狡詐的首領和這些僧侶們的話呢？或許在很久以後，人們對於自己生命的價值、本能的起源和遺產機制有了了解之後，他們可以創造出新的法則。可是目前還不行，人們現在只能被這些古老的謊言所束縛。」

失去了理智的智者

尼采開始討厭這種思想了，煩躁在尼采的心中滋生了，他的靈魂不願意再去作什麼抵抗。他沒有繼續去創作偉大的作品，而是改寫了一本小冊子。

現在的日子已經不平靜了，尼采感到痛苦，想要對別人加以報復。而華格納成了尼采攻擊的對象。他想：「既然當初是我提出了華格納主義，那麼現在我就要恢復他的本來面目。」他想經過這樣一次猛烈的批判，可以讓那些比他更加軟弱的同代人得到解放，同時還要繼續對這種藝術的威望臣服。

尼采一點顧慮也沒有，相反這種興奮刺激了他工作的興趣。尼采正沉浸在快樂之中，他卻把這種奇異的現象歸功於都靈的氣候。

7月分，天氣有些陰冷，尼采的身體受到了很大的影響。他又失眠了，原來那種幸福的感覺變成了一種痛苦的情緒。

弗羅琳·馮·薩麗斯─瑪雪琳絲與尼采已經分別了 10 個月，之後兩人又相見了。她注意到尼采發生了變化：他獨自走來，他的匆匆而行的馬車，他快速的行禮，尼采幾乎不會停下腳步，他急匆匆地回到旅館，寫下路上抓住的靈感。

尼采在拜訪她的時候，毫不掩飾地說出自己的要求。他現在缺少必要的金錢，原來的錢幾乎已經花光了，巴塞爾大學發給他的 3,000 法郎的退休金根本不夠他維持日常開支和支付大筆的出版費用。他盡量不去旅行，用最少的錢解決食宿問題，可是還不夠。

8月，尼采寫完了《華格納事件》，除了正文，他還加了一段開場白，一篇跋、再跋和後記。他使勁擴充著自己的作品，讓它

變得越來越尖銳。可是他寫完後還是不滿意。

　　尼采給梅森伯格也寫了一封信：「我為整個人類寫出了最深刻的作品，我已經付出了沉重的代價。我得先付出生命才能夠成為不朽。可是在丹麥而不是在德國我卻已經出名了。喬治·勃蘭兌斯博士很大膽地在哥本哈根大學開設了關於我的講座，成果很好。紐約據說也在籌辦這樣的講座，我是歐洲『最獨立』的思想家了，而且是『絕無僅有』的德語作家，多麼了不起啊！要理解我的作品，一定要有一顆偉大的靈魂。這樣我就可以很高興地看到那些虛弱的和有道德的人一起站起來反對我。」

　　梅森伯格在這些話語中看到了針對自己的觀點。她還是跟往常一樣很友好地給尼采回了信：「你說那些虛弱的和有道德的人都反對你？請不要自相矛盾。道德不是虛弱的，而是有力量的，這個單詞本身就能說明這一切。你自己不就是反例嗎？因為你就是有道德的人，要是人們能理解這一點多好啊！我敢說，你的生活比你的作品還有說服力。」

　　尼采每天都在散步、尋找詞語的節奏。他經常通宵達旦地工作，當旅館老闆早起去山野裡尋找食材的時候，尼采還在工作。

　　一寫完《華格納事件》，尼采就開始著手寫另一本小冊子了。這次他並不是針對某個人，而是把矛頭指向了所有的觀念——那些人們用來指導自己生活的觀念。他認為根本就沒有形而上學的世界，理性主義者都是些空想家；也根本沒有道德世界，道德家們也都是些空想家。

　　尼采為他的小冊子命名：剛開始他想到了《一個心理學家的閒暇時光》，又想到了《偶像的黃昏》，或者說是《哲學之錘》。

失去了理智的智者

9月7日，他把手稿寄給了出版商。

尼采因為總是在想這部作品，而第二本小冊子還沒寫完的時候，他就開始了這項艱鉅的工作。他曾希望這是一部平靜的、歌德式的作品，現在它已經面目全非了。

他想了幾個新的標題：《我們其他的非道德主義者》、《我們其他的北極人》，後來他又換回了原來的題目，並最終確定了下來 ——《權力意志 —— 對一切價值重新估價的一種嘗試》。

9月3日至30日之間，尼采起草了第一部分《反基督徒》，這樣一來，它就成了第三本小冊子。這次他乾脆地說出了是與不是、正確的路線以及對最野蠻力量的歌頌。一切道德都是謊言，不管是誰定下來的。尼采寫道：「16世紀初，當凱薩·波吉亞有望當上教皇的時候，歐洲幾乎接近了偉大。」

這是尼采最後表達出來的思想。

9月21日，尼采在都靈。22日，《華格納事件》發表了。終於有幾家報社談到了這本書。可是這些評論仍然把尼采激怒了，因為除了一位瑞士作家卡爾·施皮特勒以外，根本沒有人理解他。那些評論的每一句話都讓他覺得人們對他的作品一無所知。

10年以來，他一直在探索自己發現的思想，德國評論家卻不知道。他們知道有個尼采是華格納的信徒，他們看了《華格納事件》，猜測尼采跟他的老師鬧了彆扭。另外，他新結交的朋友也對他進行了指責。一向拘泥禮節的布克哈特收到小冊子之後就再也不跟尼采聯繫了，仁慈的梅森伯格寫了一封語氣嚴肅的信給他。

尼采回答說：「在這些問題上，我不允許別人進行反駁。關於『頹廢』的話題，我是這個世界上最有權威的人。現代人帶著他們退化了的天性，應該為他們身邊有這麼一個人感到高興。這個人在他們最憂鬱的時候給他們提供了美酒。華格納用謊言使大家都信仰他，他的確是個天才，一個說謊的天才。我作為他的對立面，一個講真話的天才，感到十分榮幸。」

不管尼采究竟有什麼樣的不安，他的信中卻流露出了少有的歡快情緒。信中他讚美一切能看到的東西：美麗的秋天、都靈的街道、娛樂場、咖啡館……尼采食慾好，睡眠也很安穩。他去聽比較輕鬆的法國歌劇和音樂會，會上每個片段都給他帶來莊嚴的感覺。

尼采寫信給彼得說道：「不管是音樂的冠絕，還是其他各方面，都靈都是我所知道的最可靠的城市。一想到這些我就滿含熱淚。」

11月13日，尼采希望彼得能夠待在他的身邊。可是彼得沒有滿足尼采的願望，因此尼采又感到十分遺憾。

11月18日，尼采寄出了一封語氣看似很快樂的信。他提到剛剛聽完的裘迪克和米列‧梅爾的歌劇：「這種輕鬆的巴黎人的陶醉可以拯救我們的精神和肉體。我懇請你用悲觀的觀點來看待這封信。」

尼采無法擺脫不祥的預感，也無法扔掉面前的痛苦。他希望能夠創作出一部奇異而又絕望的作品，由他生活中的回憶來作為素材。他寫下一些章節的標題：「我為什麼這麼聰明 —— 我為什

失去了理智的智者

麼如此智慧 —— 我為什麼能寫出這樣的佳作 —— 我為什麼是災禍的集中地 —— 光榮與永恆……」他最後把這本書命名為《瞧！這個人》。

尼采像是基督一樣，他把自己獻了出去。他知道自己的每個懦弱的念頭。任何現實都不能使尼采感到害怕。他承擔的是人類瘋狂的熱情，而不是通常所說的罪惡：「被釘在十字架上的耶穌是生活給我們的一個詛咒，而被撕碎了的狄奧尼索斯是新生活的一個承諾。」

耶穌也會崇拜上帝，而尼采只有他自己；狄奧尼索斯也有朋友，而尼采則總是獨自一人。可是他仍然在生活，仍然能夠唱出狄奧尼索斯的頌歌：「我不是聖徒，我是森林之神。我已經寫了這麼多優美的作品，我應該感謝生活。」

尼采說他會感謝生活，但其實他的內心極度痛苦。有時候人要取得勝利就只有去說謊。阿里亞自刺身亡前把劍交給了丈夫，還告訴他說「這並不痛苦」，她就在說謊，可是這個謊言是她的榮耀。尼采對阿里亞的評語說：「她的謊言是那麼的神聖，一切臨死之人所說的真話都沒有那樣的光輝。」

尼采已經感到身心疲憊，可是他卻不會承認。作為一個詩人，他希望自己因為痛苦而發出的吶喊會變為一首歌。最後一種狂喜的力量使他再次說了謊：

我生命中的太陽啊！
你已經沒入了黃昏。
你眼中流動的微光
已經有些傷痕；

你滴下的露珠，

像眼淚一般灑落，

成為一條河；你燦爛的愛情

悄無聲息，流進混濁的大海，

你最後的，遲到的幸福……

尼采已經感覺到，他所期待的名譽即將來到。喬治·勃蘭兌斯又打算開設關於他的講座，還要發表講稿。他甚至為尼采找到了一個新讀者：瑞典的奧古斯特·斯特林堡。他們在聖彼得堡準備翻譯尼采的《華格納事件》。

希波萊特·丹納在法國巴黎替尼采找到了《辯論》和《兩個世界的評論》的撰稿人吉恩·波爾多。尼采說：「通向法國的巴拿馬運河也開通了。」

杜森給了尼采 2,000 法郎，這 2,000 法郎是一個不知名的人為尼采再版作品提供的資助。薩麗斯－瑪雪琳絲夫人給了尼采 1,000 法郎。

尼采對這些感到高興，可是這些太晚了。

最後，尼采住在一個下層家庭的一套帶家具的房間裡，他們提供住宿。如果尼采需要的話，他們還提供飲食。尼采修改了《瞧！這個人》的書稿，在原文基礎上增加了一篇附錄，又寫了一首讚美希臘酒神的詩歌。

同時，他還準備出版一本叫做《尼采反對華格納》的小冊子。他給出版商寫道：「在我那本偉大的作品出版前，我們要讓公眾做好準備。因此我們要製造一種緊張的氣氛 —— 或許這又是一部《查拉圖斯特拉如是說》。」

失去了理智的智者

12 月 8 日，尼采寫信給彼得·加斯特說：「我又讀了一遍《瞧！這個人》，對其中的每句話都做了詳盡的思考，我把人性的歷史分為了兩個部分 —— 這正是威力最大的地方。」

12 月 29 日，尼采給出版商的信中說：「關於《瞧！這個人》，我跟你的看法是一致的，印數不要超過 1,000 冊。對那些德國人來說，這種嚴肅的書籍只印 1,000 冊是非常明智的。可是在法國，我希望發行 40,000 冊或者是 80,000 冊，沒有開玩笑，我是認真的。」

1889 年 1 月 2 日，尼采在另一封字跡潦草的信中寫道：「把那詩歌還給我吧，我們開始印《瞧！這個人》。」

尼采經常給旅店的主人們演奏華格納的音樂。他還告訴他們說：「我認識華格納。」尼采將這些幸福的回憶拿出來，跟這些毫無關係的人共同分享。

他在《瞧！這個人》裡也寫道：

我應該為當時跟華格納親密的交往而感到榮幸，那是我最持久的快樂。我絕對不會把那些在特里伯森的日子忘記，那些愉快的、讓我的思想大放光芒的日子。我不知道華格納對別人來說意味著什麼，但是他曾經是我天空中的太陽。

1 月 3 日，尼采在都靈的卡羅阿爾伯托廣場看到一個馬車伕用鞭子抽打一匹老馬。他抱著馬哭了起來，然後昏倒了。在隨後的一個月不到的時間裡，尼采就被診斷出得了嚴重的精神疾病。

1 月 9 日，在巴塞爾市弗蘭茲·歐維貝克家的寧靜房子裡，夫妻倆正對著窗口說話。他們看見布克哈特站在門口按門鈴，他

們猜想可能是尼采讓這個不熟悉的朋友前來此地。

歐維貝克已經有幾個星期沒有收到尼采的信了。布克哈特給他帶來一封很長的信，尼采寫道：「我是費迪南德·德·雷賽布，我是普拉得，我是張畢格，我在秋天裡被埋葬了兩次。」

這封信上說的兩人是當時巴黎新聞集中報導的暗殺者，這充分說明了一個不好的消息──尼采瘋了。

不久之後，歐維貝克收到了一封類似的信，尼采所有的朋友都得到了這個消息。尼采給每個人都寫了信。

歐維貝克在旅店裡找到了尼采，當時旅店主人正看著他。而尼采用手肘彈著鋼琴，高唱著他寫的狄奧尼索斯頌歌。尼采被歐維貝克送到了巴塞爾的醫院裡，尼采的母親也過去了。

尼采在剩下的 10 年裡經常會回憶起自己的作品，他的病前幾年比較嚴重，後來便有所緩和了。

他說：「我沒有寫出過優秀的作品嗎？」

有人給尼采看過華格納的肖像。他說：「我非常熱愛他。」

本來恢復這樣的記憶對尼采來說是很可怕的，但事實卻並不是這樣。有一次，陪著他的妹妹忍不住哭了。

尼采說：「伊麗莎白，你為什麼要哭？我們不幸福嗎？」他的理智已經完全喪失了，可是他純潔的心靈依然美好。

有一次，尼采跟一個編輯出門散步，尼采被路邊一個小姑娘吸引了。他停下腳步，走近了小姑娘，用手把她的頭髮向後面攏了攏。接著，他微笑著注視小姑娘那張真誠的臉，說道：「這不正是一幅純真的圖畫嗎？」

失去了理智的智者

1900 年 8 月 20 日,星期一,尼采開始患感冒,發高燒,說胡話,此時他已開始接近死亡的邊緣地帶了,似乎還有肺炎的併發症,忠誠的醫生想盡一切可能的辦法消除他的痛苦,但兩三天后,醫生已經知道無力挽回了。

24 日正午,尼采與妹妹相對而坐,他的面容突然改變,激烈的發作再度襲來,終於失去意識倒下了。就在這時,可怕的雷雨漫天蓋地而來,似乎這個高貴的靈魂,已隨著雷電,先升登天堂。到黃昏時分,他吐出一口氣,意識也有恢復的徵兆,好像想說些什麼。

25 日凌晨 2 時,伊麗莎白請尼采吃一些食物,他似乎看得見妹妹,示意她把燈罩移到一邊,高興地叫她「伊麗莎白」,她滿心歡喜,以為他的危險期已經過去,然後,他睡了一段很長的時間,妹妹一直在祈禱,但願這是復原的熟睡。

但是,尼采的面容突起變化,轉為蒼白,他再一次睜開那雙寬闊、溼潤的眼睛,安詳地、無憂無慮地向四周投下了嚴肅的一瞥,然後輕輕合攏,永遠地閉上了。

尼采終於走完了他 56 歲的生命歷程,永遠地離開了喧囂的世俗生活,在威瑪逝世。

在他出殯時,有人在輓聯上寫著:「你的名字在後人心中是神聖的。」但是尼采似乎並不滿意這樣的評語,因為在他生前的自傳中,他曾這樣寫著:「我很怕將來有一天有人稱我為神聖的,你可猜得到為何我要在死前拿出這本書,就是為了要防止別人對我的惡作劇,我不希望成為神聖的人,甚至於寧可死後做個怪物 —— 也許我就是一個怪物。」

死後的尼采埋在了故鄉洛肯鎮父母親的墓旁，在那個安靜的
地方他找到了自己的永久歸宿，再也用不著擔心人們去打擾了。
在真正的寧靜中他獲得了永生。

失去了理智的智者

附錄：尼采年譜

1844 年 10 月 15 日，誕生於普魯士薩克森州的洛肯村。

1869 年 2 月，受聘巴塞爾大學，擔任古典文獻學的額外教授。4 月，脫離普魯士國籍，成為瑞士人。

1872 年 1 月，出版《悲劇的誕生》。

1873 年，《不合時宜的考察》第一篇、第二篇、第三篇出版。

1876 年 7 月，《不合時宜的考察》第四篇出版。

1877 年，5 月《人性的，太人性的》第一篇出版。

1879 年，辭去教授職業。《人性的，太人性的》第二篇上半部出版。

1880 年，發表《漂泊者及其影子》。

1881 年，1 月完成《朝霞》，7 月出版。

1882 年 3 月，至西西里旅行。5 月，出版《快樂的科學》。

1883 年 6 月，出版《查拉圖斯特拉如是說》。7 月，執筆《查拉圖斯特拉如是說》第二部。

1884 年 1 月，在威尼斯，執筆撰寫《查拉圖斯特拉如是說》第三部。11 月起執筆《查拉圖斯特拉如是說》第四部。

1886 年 7 月《善惡的彼岸》出版，11 月出版《道德的譜系》。

1888 年，5 月至 8 月執筆《華格納事件》，9 月出版，《狄奧尼索斯之頌》脫稿。8 月至 9 月撰寫《偶像的黃昏》。9 月，撰寫完《反基督教》，10 月至 11 月撰寫《瞧！這個人》，12 月撰寫《尼采反對華格納》、《心理學家的公文書》。

1889 年 1 月初旬，患了嚴重的中風。出現精神分裂現象。

1900 年 8 月 25 日，在威瑪去世，8 月 28 日葬於故鄉洛肯村。

哲學怪傑尼采：

當你凝視深淵的時候，深淵也在凝視你，與愚昧戰鬥一生，潦倒癲狂而去

編　　著：蔣耀江，邊豔豔

發 行 人：黃振庭

出 版 者：崧燁文化事業有限公司

發 行 者：崧燁文化事業有限公司

E - m a i l：sonbookservice@gmail.com

粉 絲 頁：https://www.facebook.com/
　　　　　sonbookss/

網　　址：https://sonbook.net/

地　　址：臺北市中正區重慶南路一段六十一號八
　　　　　樓 815 室

Rm. 815, 8F., No.61, Sec. 1, Chongqing S. Rd.,
Zhongzheng Dist., Taipei City 100, Taiwan

電　　話：(02)2370-3310

傳　　真：(02)2388-1990

印　　刷：京峯彩色印刷有限公司（京峰數位）

律師顧問：廣華律師事務所 張珮琦律師

定　　價：299 元

發行日期：2022 年 09 月第一版

◎本書以 POD 印製

國家圖書館出版品預行編目資料

哲學怪傑尼采：當你凝視深淵的時
候，深淵也在凝視你，與愚昧戰鬥
一生，潦倒癲狂而去 / 蔣耀江，邊
豔豔編著 . -- 第一版 . -- 臺北市：
崧燁文化事業有限公司 , 2022.09
　面；　公分
POD 版
ISBN 978-626-332-720-7(平裝)
1.CST: 尼 采 (Nietzsche,
Friedrich Wilhelm, 1844-1900)
2.CST: 學術思想 3.CST: 哲學
147.66　111013791

電子書購買

臉書